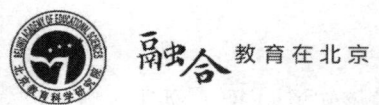 融合 教育在北京

遇见特殊需要学生
每位教师都应该知道的事

孙颖 / 主编
朱振云 / 副主编

YUJIAN TESHU XUYAO XUESHENG
MEIWEIJIAOSHI DOU YINGGAI ZHIDAO DE SHI

华夏出版社
HUAXIA PUBLISHING HOUSE

图书在版编目（CIP）数据

遇见特殊需要学生：每位教师都应该知道的事 / 孙颖主编. --北京：华夏出版社有限公司，2021.1（2025.1重印）
（融合教育在北京）
ISBN 978-7-5222-0078-1

Ⅰ．①遇… Ⅱ．①孙… Ⅲ．①特殊教育－中小学教育－全纳教育－教育研究－北京 Ⅳ．①G760

中国版本图书馆CIP数据核字(2020)第255633号

©华夏出版社有限公司 未经许可，不得以任何方式使用本书全部及任何部分内容，违者必究。

遇见特殊需要学生：每位教师都应该知道的事

主　编	孙　颖
副主编	朱振云
责任编辑	刘　娲　李傲男
出版发行	华夏出版社有限公司
经　销	新华书店
印　装	三河市少明印务有限公司
版　次	2021年1月北京第1版 2025年1月北京第5次印刷
开　本	880×1230　1/32开
印　张	9.5
字　数	320千字
定　价	49.00元

华夏出版社有限公司 　地址：北京市东直门外香河园北里4号
　邮编：100028　网址：www.hxph.com.cn
　电话：（010）64663331（转）

若发现本版图书有印装质量问题，请与我社营销中心联系调换。

献给所有坚持初心的老师们

编委会

主　编：孙　颖

副主编：朱振云

编　委（按姓氏首字母为序）

陈瑛华　　杜　媛　　陆　莎　　潘　镭

史亚楠　　孙　颖　　王善峰　　杨希洁

张　军　　朱勃霖　　朱振云

序：让每次邂逅都充满美好

当你遇见融合教育，你就有了相知与相守！

人类发展到今天，发展中国家与发达国家虽然物质资源不同，社会文化迥异，但提倡仁爱包容、友爱忠诚的驱动力相似，追求公平正义、文明自由的目标相同。所有的这些美好价值与愿望融为一体，构成了融合教育的基本信念与内涵。融合教育成为教育领域中最具想象力的宏伟目标、最激动人心的口号、最高尚完美的期许。融合教育发源于狭小的特殊教育领域，最初只针对残障人群，希望他们能够平等共享优质教育、公平参与社会生活。如今，融合教育已经远远超出残障与特殊教育的范畴，成为整个教育体系的基本价值观与共同目标。2015年，联合国颁布的《2030年可持续发展议程》第四条明确提出：确保包容和公平的优质教育，让全民终身享有学习机会。这一规定明确了融合教育是整个教育体系需要应对的挑战，而非仅仅是特殊教育领域的事情。在有的国家从学校融合走向社区融合，进而孜孜追求"社会融合"的目标。例如，1995年联合国哥本哈根社会发展首脑会议把社会融合（Social Inclusion）作为社会发展目标之一，指出："社会融合的目的是创造一个人人共享的社会。"

思想与思想的碰撞能够激发智慧的火花,人与人的邂逅会产生曲折动人的故事。当思想与人相遇的时候,往往意味着新的方法与行动。在有着仁爱与等级共存、精英主义与平等互助共处的中国社会里,残障往往落于昏暗的拐角,非有心人难以遇见,非大爱者难以产生共鸣。在过去几十年的岁月里,特殊及融合教育工作者因缘际会进入这一既小众又常被轻视的职业。他们与残障相遇相识,相处相守,相伴相知。这就是北京市特殊教育人所经历的职业人生与生命故事。

在特殊教育及融合教育不断发展,越来越为人所知、所重视的今天,宏观叙事的理论书籍层出不穷,云山雾罩的舶来词汇大行其道。本土话语体系贫乏,理论实践创新不足。俯下身子做教育,何其难也!北京市一直走在我国融合教育发展的前列。当有些地方仍然关注残障学生能不能到学校里"随"着上学的时候,北京市已经在探索"零拒绝、全覆盖",即所有残障学生与其他学生一样上学,所有的学校接受所有的学生。当其他地方开始探索面向残障学生实施优质融合教育的时候,北京市已经开始探索通过专业支持体系的建设,推进整个教育体系走向公平、多元的现代化教育方向。这一过程是北京教育科学研究院特殊教育研究指导中心的同仁们与残障的相遇,也是彼此志同道合的遇见,更是自我人性的光辉闪耀的碰撞。

《遇见特殊需要学生》这本书中有的是本土的经验与话语,没有食古不化地照搬西方；有的是丰富的案例分析，没有故弄玄虚的生僻术语。特殊教育涉及多学科多专业，经常被视为专业化程度极高甚至有些神秘的领域，使普通学校教师望而却步。因此，要让所有教师掌握融合教育的基本知识与技能，必须先打破特殊教育知识体系的神秘化，走大众化与通用化的道路。万变不离其宗！哪些是特殊教育及融合教育中最基本的、与普通教育最相关的知识？普通教师掌握的特殊教育知识与技能必须能迁移到所有学生的教学里去，普通教师的整体教学技能变革也应对所有学生包括残障学生有益。普通教育知识与技能走向多元化，特殊教育专业走向通用化，二者相辅相成，携手同进。特殊教育走向普通教育，普通教育更加优质多元；普通教育走向特殊教育，特殊教育更加广义公平。普特之间的相遇相识，就是融合教育的相知相守。本书正是从纷繁复杂的专业知识体系里，选择最根本的、最通用的知识与技能，让所有教师扩展其师范专业素养，应对多元化的学习需求。遇见特殊教育，做更美好的教师！是为序。

邓猛

北京师范大学教育学部融合教育研究中心

2020.07.13

于北京师范大学英东楼

融合教育不仅是理念更是行动

北京教育科学研究院特殊教育研究指导中心成立于 2017 年，主要负责北京市特殊教育领域的教学、课程、教师、评价等方面的研究与指导。近年来，教科院特教中心研究团队主要致力于推动北京市融合教育的发展，增强普通学校对特殊儿童的支持保障能力，促进普通学校对多样性的理解。

北京市是国内最早开展随班就读实验的地区之一。早在 80 年代初期就开启了针对三类残障儿童在普通中小学随班就读的实践探索。1998 年至 2012 年是北京市随班就读工作大力发展的十五年。这个阶段主要以规范管理推进随班就读工作为重点，教育行政部门一方面出台文件加强管理，另一方面着重建立随班就读工作支持保障体系，从安置方式、资源配置、师资队伍、经费保障等方面做出相关规定。在 2000 年前后，北京市的一批学校开展了对特殊教育资源教室的探索，取得了比较系统的经验，为北京市全面建设资源教室和随班就读支持保障体系做出了积极贡献。2013 年是北京市从随班就读迈向融合教育具有里程碑意义的一年，在这一年《北京市中小学融合教育行动计划》出台，在整体定位上以"融合教育"为发展方向,明确提出"有能力的残疾儿童少年均可就近进入普通学校学习",在这一时期北京市特殊学生的融合比例达到70%以上,远高于全国平均水平。

教育改革和发展最终都要通过教师的实践才能得以实现,无论是从教育的观念上,还是从教育的内容与具体的方法、途径等实践上来说,教育改革都必须以教师专业素养的提高为起点,并借助每一位教师的实践来完成。随着融合教育的深入推进,普通教师面临的教育对象日渐复杂多样,整齐划一的教育活动已不能满足新时代提倡多元化、个性化教育的新要求,认同并尊重每一个学生的兴趣和需要,有效应对充满差异和个性的课堂,是每一个教师应当具备的基本信念和能力。

在我国师范培养体系中,普通教师和特教教师是分开、独立培养的,这使得几乎所有的普通教师在走上工作岗位之前对特殊儿童的特殊需要了解甚微,缺乏回应特殊需要、有效开展融合教育的能力,在职后培训中也鲜有融合教育相关内容,教师们仅靠爱心、经验或零散的自主学习来担当这一需要经过系统化、专业化培养和培训才能真正胜任的新角色和应对新要求,显然是不够的。在本市进行的多次相关调查中,大多数教师均表示自己对有效开展融合教育、教育和管理特殊需要学生力不从心,这直接制约了融合教育实践的有效开展和学生受教育质量的提升,他们急需补充相关知识和技能。由此可见,教师缺乏融合教育相关专业知识和实践方法是目前北京市融合教育工作开展所面临的主要困难,也是融合教育发展过程中必然显现且亟待解决的问题。

融合教育已是世界范围内特殊教育发展的大势所趋，也是我国特殊教育发展的基本方向。在北京市系统推进融合教育发展，尽可能保障每一个特殊儿童实际获得的过程中，教师的专业素养成为影响融合教育质量实现突破和发展的关键因素。因此，帮助每一个教师系统提升有效开展融合教育应该具备的专业素养，成为近年来北京市发展融合教育的重要举措，从而为每一个儿童提供公平且有质量的教育。

本书聚焦"普通学校教师遇到特殊学生怎么办"这一现实问题，对"教师和学校应该如何看待融合教育和特殊学生""学校应该怎样建设有利于所有学生成长的校园和校园文化""教师应该采用哪些方法和技术保障包括特殊学生在内的所有学生学有所获""特殊学生对特殊教育专业服务的需求如何得到满足"等问题进行深入思考，分析讨论应该着重解决哪些问题，抓住哪些关键环节，采取何种方式、方法引导学校开展融合教育，引导教师提高面对多样性需求的专业素养。

本书能够问世，首先要感谢北京教育科学研究院方中雄院长，他的关注、督促、指导使我们打破了特殊教育与普通教育的壁垒，站在普通教育、普通教师的角度系统思考他们的需求。感谢北京师范大学特殊教育系的邓猛教授，他对融合教育持续深入的研究和不懈的追求一直激励和滋养着我们。感谢中国教育科学研究院的杨希洁副研究员，指导我们实践，为我们出谋划策。感谢原宣武区培智学校的潘镭校长，她在试读的过程中提出了详细的修改建议。感谢北京市所有特殊教育领域的伙伴们，他们的探索和实践给了我们坚实的本土化经验基础。感谢所有为特殊学生服务的普通学校及其教师，他们的期盼和教育情怀是鞭策我们向前的动力。感谢北京市特殊教育研究指导中心的伙伴们，他们在做好本职工作的同时，利用零散的碎片时间将多年累积的融合教育经验以全面系统的方式梳理成册。作为中心的主任，我为他们对本书的真情投入所感动。全书由我拟定总体框架并统稿，由朱振云统筹细节并组织编写工作。具体编写分工如下：第一章第一节、第二节及第二章由陆莎撰写；第一章第三节、第七章由史亚楠撰写；第三章及第四章第二节、第三节由杜媛撰写；第四章第一节、第六章第一节由王善峰撰写；第五章由陈瑛华撰写；第六章第二节由朱振云撰写。

融合教育就在我们身边，融合教育一直在路上，希望我们能认识到融合教育理念对教育的改变以及影响，期待我们有更积极的应对，努力创造我们期许的教育，我们希望的未来。

孙　颖
2020 年 9 月

目 录

第一章 相识——一样与不一样 ········· 1
第一节 为什么有些学生与众不同 ········· 2
一、个体差异 ········· 3
二、差异带来的多样性 ········· 5
第二节 怎样尊重学生的多样性和差异 ········· 8
一、教育应尊重学生的差异 ········· 9
二、教育给予儿童的引导和支持 ········· 12
第三节 谁是特殊需要学生 ········· 14
一、孤独症谱系障碍学生 ········· 15
二、注意力缺陷多动障碍学生 ········· 20
三、学习障碍学生 ········· 24
四、情绪情感障碍学生 ········· 29
五、其他类型的特殊学生 ········· 33

第二章 相助——融合教育的发展 ········· 43
第一节 国际融合教育 ········· 43
一、国际融合教育的发展 ········· 44

二、相关的条约与宣言 …………………………………… 45
第二节　各国融合教育的发展 ………………………………… 48
　　一、美国融合教育的发展 ………………………………… 48
　　二、英国融合教育的发展 ………………………………… 50
　　三、日本融合教育的发展 ………………………………… 51
　　四、韩国融合教育的发展 ………………………………… 53
　　五、新加坡融合教育的发展 ……………………………… 56
第三节　我国融合教育的发展 ………………………………… 58
　　一、大陆地区融合教育的发展 …………………………… 58
　　二、香港地区融合教育的发展 …………………………… 62
　　三、台湾地区融合教育的发展 …………………………… 65
　　四、北京市融合教育的发展 ……………………………… 68

第三章　相知——建设融合性学校 …………………………… 73
第一节　什么是融合性学校 …………………………………… 74
　　一、融合性学校的内涵 …………………………………… 76
　　二、融合性学校的核心理念 ……………………………… 78
　　三、融合性学校的优势 …………………………………… 82
　　四、融合性学校建设的质量评价 ………………………… 85
第二节　如何建设融合性学校 ………………………………… 92
　　一、制订融合性学校发展规划 …………………………… 95
　　二、建设融合性学校管理制度 …………………………… 100
　　三、创建融合性学校文化 ………………………………… 103

四、建设融合性无障碍物理环境 …………………… 108

　　五、协调配置融合性学校资源 …………………… 109

　　六、开展融合性教学 …………………………… 109

　　七、做好家校合作 ………………………………… 113

　　八、处理融合性学校的外部关系 ………………… 115

第四章　相处——建设融合性班级 ………………… 117

第一节　怎样创设和谐的班级氛围 ………………… 118

　　一、融合性班级的物理环境 ……………………… 120

　　二、融合性班级的制度建设 ……………………… 126

第二节　如何建立积极的人际关系 ………………… 128

　　一、建立积极的师生关系 ………………………… 130

　　二、建立积极的生生关系 ………………………… 137

第三节　如何建立相互理解的家校合作伙伴关系 …… 142

　　一、建立教师与家长合作关系的原则 …………… 144

　　二、与特殊需要学生家长的合作策略 …………… 145

　　三、与普通学生家长的合作策略 ………………… 148

第五章　相伴——与特殊需要学生共同成长 ………… 151

第一节　初步了解特殊教育评估 …………………… 152

　　一、特殊教育评估的目标与前提 ………………… 153

　　二、特殊教育评估的意义 ………………………… 154

　　三、特殊教育评估的功能 ………………………… 155

第二节　从哪些方面评估学生 ·················· 157
　　一、智力评估 ························· 157
　　二、适应行为能力评估 ··················· 159
　　三、学习能力评估 ····················· 162
　　四、言语和语言能力评估 ················· 166
　　五、知觉和动作能力评估 ················· 168
　　六、行为问题评估 ····················· 171
第三节　如何开展评估工作 ···················· 179
　　一、筛查评估的流程和工作重点 ············· 179
　　二、鉴定环节的观察记录与调查、访谈 ········· 181
第四节　评估结果在学校日常工作中的应用 ·········· 182
　　一、把握规律：读懂标准化评估结果与报告 ······ 182
　　二、明确策略：关联具体行为问题的评估结果 ···· 195

第六章　相长——运用融合性课堂教学策略 ········· 199
第一节　融合性课堂教学策略 ·················· 199
　　一、融合性课堂教学的特点 ················ 201
　　二、融合性课堂教学对教师课堂教学的挑战 ······ 203
　　三、融合性课堂常用教学策略 ·············· 204
　　四、给老师们的建议 ···················· 218
第二节　融合性课程调整策略 ·················· 220
　　一、课程调整的依据 ···················· 221
　　二、课程调整的思路方法 ················· 222

三、课程内容调整的常用做法 …………………… 227
　　　四、课程调整的注意事项 ………………………… 231

第七章　相守——获取专业支持 ……………………… 233
第一节　谁能为特殊需要学生提供支持服务 …………… 234
　　　一、特殊教育专业服务人员 ……………………… 236
　　　二、特殊教育相关服务人员 ……………………… 242
　　　三、特殊教育支持服务机构 ……………………… 248
　　　四、社区支持在融合教育中的作用 ……………… 255
第二节　怎样获得特殊教育支持服务 …………………… 260
　　　一、特殊教育支持服务申请的前提 ……………… 262
　　　二、特殊教育支持服务的申请 …………………… 268
第三节　如何提供特殊教育支持服务 …………………… 275
　　　一、个别化教育计划 ……………………………… 276
　　　二、个别化教育计划的要素 ……………………… 278

第一章　相识——一样与不一样

学校里有开朗外向的学生，也有温和内向的学生；有擅长运动的学生，也有擅长思辨的学生；有在学习中感受成长的快乐的学生，也有暂时处于困境的学生……正如没有两片完全相同的叶子，世上没有两个完全相同的孩子。

这一章将带你了解学生之间的差异，追寻差异产生的原因，感受差异带来的多样性，走近特殊需要学生，了解融合教育。

【本章重点】

1．什么是多样性和差异性？

2．为何当前学校内的学生比以往更具多样性和差异性？

3．你认为班里有特殊需要的学生面临的最大挑战是什么？为什么？请读完本章再重新审视你的答案。

第一节　为什么有些学生与众不同

【案例：莉莉和薇薇】

　　莉莉是一个8岁的女孩，喜欢微笑，对人友善，和别人在一起会很开心。莉莉的同学也喜欢和她待在一起，许多同学都愿意挨着她坐并主动帮助她。薇薇是莉莉的好朋友，经常给莉莉讲故事。莉莉说薇薇最漂亮、最有礼貌、对人最好，但是同学们却说薇薇胆小、不爱说话、性格内向。

　　莉莉的语言发展较同龄人迟滞，但她可以进行简单的对话，她非常喜欢打听别人的事，如"你吃饭了吗？""谁给你买的鞋？"等。她的认知能力比语言和社会技能的发展更加滞后，尤其是数学学习能力。她难以掌握10以内的数字，难以记住加减法算式，在解决问题方面也存在困难。莉莉需要在资源教室接受辅导，她一天大约有四分之三的时间在普通班级上课。

　　莉莉和薇薇只是众多学生的缩影。在教师眼中总有尖子生、中等生和学业不理想的学生，任你怎样备课和教学，都很难消除这些差异。正如十根手指一样长会带来很多不便，不同长度的手指也各有优势一样，理解差异和差异存在的合理性，才能从内心接受他们。

一、个体差异

(一) 差异产生的原因

差异即差别,是指形式与内容的不同。对人而言,既表现为外表和身体之间的差异,也表现为大脑结构或大脑活动方面的差异。从心理学意义上来说,差异通常指个性差异,即个体之间在稳定的心理特点上的差异,包括性格、能力或兴趣等方面的差异,案例中同学认为薇薇胆小、不爱说话、性格内向,是就薇薇相对于班级中其他同龄人的日常表现而言。个体差异是指个体在生长发育过程中,因受遗传与环境的交互影响,同一个体内部及不同个体之间在身心特征上所显示出的彼此各不相同的现象。案例中"莉莉的认知能力比语言和社会技能的发展更加滞后,尤其是数学学习能力"这句话指出了莉莉在能力发展方面的不均衡。

(二) 差异的表现

人类差异按表现形式分为群体差异、个体间差异和个体内差异。群体差异是指依据不同标准划定的不同人群之间的差异;个体间差异是指群体中每个个体之间生理、心理上的差异;个体内差异是指个体自身各方面发展的不均衡性。学校足球队和小胖墩运动队通常是指运动健将和体重超标的学生,这两个群体间的差异显而易见;从两个群体内部看,运动员有自己的特长,小胖墩的超重原因也不尽相同;从个体内部看,每个队员都有自己的优劣势。

个体之间在心理特征上显示出差异是一个显在的事实,过去如此，现在如此，未来也是如此。而且，从身心各方面来看，个体差异现象的表现也是多方面的。

在学校教育活动中，学生个体差异的客观存在是每个教育工作者无法回避的事实，学生在学业能力和人格特征方面表现出的个体差异更是教师在每天的教育教学活动中都要面对的一个严肃问题。差异是客观存在的，也是不可避免的。无论教育工作者怀着多么美好的愿望，无论教育工作者以爱心和智慧在学生学业的成长上做了多少工作，他所教导的学生最终仍然会表现出极大的不同。这也是教育不能一刀切，要因材施教的根本原因。

是什么造成个体成长过程中的差异？可以从心理学家的研究结果得到解释——遗传、环境、种族文化差别。个体的心理差异是怎样形成的呢？有的理论认为这完全是由人的遗传决定的；有的理论认为是由环境决定的；而有的理论则认为是遗传与环境相互作用的结果。尽管在解释个体差异成因的问题上心理学家众说纷纭、莫衷一是，然而，个体差异却是一个客观存在的、永远不能消除的事实。物的差异构成了世界的多样性，人的差异造就了社会的多样化。正是差异，导致了人与人之间形式（外表或身体）和内容（内在或心理）的不同。个体在教育的作用下逐渐社会化的过程中，心理的不同导致了个体发展水平和发展方向的差异。在教育领域，学生的个体差异具有非常重要的意义。

二、差异带来的多样性

学生之间的差异是多种多样的,他们不仅在认识活动上存在着差异,在精神面貌、道德品质,乃至生理等方面也都存在着差异。就学生心理的个体差异来说,就有如下的表现形式。

(一)智力的个体差异

人的智力是千差万别的,现实生活中,我们很难找到智力水平完全一样的两个人。即使是两个智商相同的学生,他们的智力分数构成也可能存在很大的不同。两名智商同为100的学生,可能其中一名的言语智商分数为70,操作智商分数为130;而另一名的言语智商分数为130,操作智商分数为70。两名学生在学习方面的能力也会表现出很大差异。前一名学生可能适合学习操作性课程,而后一名学生可能更适合学习文化知识类课程。智力的个体差异主要表现为智力类型的差异(学生在知觉、记忆、言语和思维方面表现出的差异)、智力发展水平的差异(有的学生智力超常,而有的学生智力落后)、智力表现早晚的差异(有的学生很小就显露出卓越的才华,有的学生智力的充分发展在较高的年纪才表现出来)等方面。

大量事实表明,学生的智商高低与学业成就高度相关,它不仅影响学生学习的速度,也影响学习的质量。智商较高的学生往往学习质量高,速度快,在学习中遇到困难时,比较容易找到解决问题的策略和方法,对学习到的知识的记忆效果好、运用能力强。而智商较低的学生在学习中的表现则恰好相反,智力障碍学生尤其如此。

需要注意的是虽然智商与学业成就相关，但并不代表智商高的学生学业成就一定良好，反之亦然。

（二）认知方式的差异

认知方式，又称认知模式或认知风格，指个体在信息加工过程中表现在认知组织和认知功能方面持久一贯的特有风格。它既包括个体在知觉、记忆、思维等认知过程方面的差异，又包括个体在态度、动机等人格形成、认知能力与认知功能方面的差异。个体的认知风格主要表现在以下几个方面：（1）场依存性与场独立性；（2）分析性与非分析性概念化倾向；（3）对认知域宽窄的选择；（4）对两可与非现实体验的不容忍；（5）复杂认知与简约认知；（6）记忆过程中信息的整合与分化；（7）扫描与聚焦；（8）冒险与保守；（9）解决问题的滞阻与畅通等。

认知差异对学习的影响不仅在程度上不同，而且起作用的方式也不同。需要特别注意的是，认知方式没有优劣好坏之分，只是表现学生对信息加工方式的某种偏爱对学习方式的影响，具体表现为：第一，学生对所用感觉通道的偏好。有的学生习惯于听觉学习，有的习惯于视觉学习，有的则更喜欢通过触摸或各种感觉的结合学习。第二，学生对学习环境的偏好。有的学生喜欢在安静的环境中学习，有的则喜欢在有背景声音的环境中学习。第三，对学习内容组织程度的偏好。场依存的学生喜欢别人向他们提供结构严密的教学，场独立的学生则讨厌"菜单式"的指导，喜欢自由自在的学习方式，较易适应结构不严密的教学。第四，对学科选择的偏好。场独立的学生倾向于学习数学、自然科学，场依存的学生则倾向于学习人文科学、社会科学。

(三) 人格的差异

人格又称个性。关于人格，朱智贤教授主编的《心理学大辞典》给出的定义是："指一个人的整个精神面貌，即具有一定倾向性的心理特征的总和。人格结构是多层次、多侧面的，是由复杂的心理特征的独特结合而构成的整体。这些层次有：（1）完成某种活动的潜在可能性的特征，即能力；（2）心理活动的动力特征，即气质；（3）完成活动、任务的态度和行为方式方面的特征，即性格；（4）活动倾向方面的特征，如动机、兴趣、理想、信念等。这些特征错综复杂，交互联系，有机结合成一个整体，对人的行为进行调节和控制。"心理学对人格的差异进行过许多研究，形成了一些人格差异理论。这些理论关注的焦点集中于人格类型差异和人格特质差异的研究。

人格类型差异多指在同一文化形态下的群体具有的特质，它是在共同的生活方式下形成的，并普遍地存在于每一个人身上，是研究者为了测定复杂的人格特质而抽取出来的概念。如在一个群体中，人们会表现出一定的顺从性、自私性、审美性等。

人格特质差异为个人所独有，代表个人的行为倾向，是决定人的外观行为的潜在变量。人格特质差异是个体最真实人格的特质。人格特质的深度也不一样，特质越深刻就越稳定，对行为的效应也就越全面。如个体的"自立性"，人的各自独立，普遍地存在于各种不同年龄和不同社会环境的人身上,只是在每个人身上的强度不同,表现形式不同。又如每个人都有智力,但每个人的智力都不相同,这就决定了人与人之间的人格表现出来的各种差异。个体特质差异是一个人人格的建筑材料,它实际上影响一个人的人格结构。

【提要】

　　学生群体间和个体间存在差异,每个个体内部也存在差异。差异带来不同的需求,有些学生与同龄人之间差异显著,对教育的需求也呈现出一定的特殊性。关注差异、了解差异产生的原因才能真正理解和接纳学生。

第二节　怎样尊重学生的多样性和差异

【案例:暂时落后的小 B 和焦虑的小 T】

　　小 B 的父母在她出生 3 个月后外出打工,奶奶一边做农活一边照顾她,经常把她独自留在一间有围栏的空屋子中。小 B 6 岁的时候来到父母打工的城市上学,家长和老师认为小 B 各方面都比同学差远了,但是他们没有放弃。小 B 每天晚上都不断练习,老师和家长也为她增加了专门的指导和练习。一年后,小 B 适应了校园生活。

三年级时，小 B 基本能够跟上班级进度，完成学习任务，智力检测的结果也处于正常范围内。

阿斯伯格综合征学生小 T 不仅对自己的要求非常高，还很看重班集体荣誉，每到单元检测、学校班级表彰时，他都会非常紧张。运动会前一天，小 T 多次在体育老师办公室外徘徊，问其原因，他反复说："如果我跳绳落后了，拖班级后腿怎么办呢？"老师了解到小 T 的焦虑，分析原因后制订了情绪调整计划。老师认为除了改变家长教育理念，还应在各种比赛、检测前观察小 T 的情绪状况，提供短期支持。比如，小 T 认为期末复习阶段班里的气氛比较紧张，而打乒乓球能够缓解自己的压力，老师就在复习阶段为小 T 安排了午间打乒乓球的活动。

一、教育应尊重学生的差异

人与人之间存在着各种各样的差异，这些差异有大有小。特殊需要学生与同龄学生之间更是存在着较大的差异。大量的生理学和心理学的研究显示，特殊需要学生之间存在着巨大的个体差异，同时，每一个特殊需要学生个体都有非常独特的教育需要。2018 年 3 月，李克强总理在十三届全国人大会议的政府工作报告中指出："我们要发展公平而有质量的教育，要办好人民满意的教育，让每个人都有平等的机会通过教育改变自身命运，成就人生梦想。"可见个体差异不仅是特殊教育的基本依据，也是优质教育的基础。

（一）个体差异是满足学生特殊需要的基础

我们常常说教育要满足学生发展的需要。如果你发现有些学生在身体、生理和心理上有别于同龄学生，现有课程、教材、教育方法、安置方式等不能完全适应他们的需要，在这种情况下，应该怎么办呢？对特殊需要学生来说，在满足他们的教育需要之前，更重要的是理解他们与普通学生的差异。只有理解并接纳了这种差异，才能找到适合这些学生的课程、教材、教学方法，甚至安置形式等。不同特殊需要学生所需的课程、教学方式是不一样的，正如在普通班级中对同一个知识点有的学生一点就会，而有的学生则需要多次辅导。特殊需要学生与普通学生之间的个体差异是决定其需要特殊教育支持的基础。

（二）个体差异是特殊教育教学内容、教学方法选择与确定的依据

作为教师，我们常常会苦恼，什么样的教学方法或教学内容才适合特殊需要学生呢？毫无疑问，无论选择什么样的教学内容和教学方法，都必须以这个学生本身的具体情况为出发点。个体的身心发展状况不一样，他们的特殊教育需要就会不一样，与此相适应的一系列教育教学策略和方法也会不一样。比如，在为盲童选择教学内容时，应该有意识地回避需要视觉才能学习的内容；而在为聋童选择教学内容时，应该有意识地回避需要听觉才能学习的内容。在教学方法上，低年级学生较高年级学生而言需要更多直观体验与感悟活动。

(三)个体差异是教育评价的缘起与归宿

教育评价通常来说是指在一定的教育价值观的指导下,依据教育目标,通过使用一定的技术和方法,对所实施的各种教育活动、教育过程和教育结果进行科学判定的过程。教师通常会采用一些评价标准对学生的学习效果进行评判,而这种评价标准正是整个教育评价工作的核心。因此,这种标准恰当与否,对整个评价工作会产生很大的影响。如何对班级中的特殊需要学生进行评价呢?首先,不能过于强调个体与集体间的差异,要关注个体发展的纵向评价。从特殊需要学生个体的纵向去看待其发展。其次,评价过程中要与学生的个别化教育计划相结合,评价其一段时间内某些能力或技能的习得情况。因此,对特殊需要学生来说,个体差异是评价的缘起和归宿。

(四)特殊教育更加重视学生的个体差异

差异是一个相对的概念。认识特殊需要学生,首先要充分认识到特殊需要学生与普通学生的共同之处,即他们都是在社会上生活的人,是正在成长、发展的儿童。特殊需要学生同样具有人的社会性,具有与普通学生一样的基本发展规律和生理基础。因此,普通学生的教育目的、方针,教学原则和方法基本上适用于特殊需要学生。不能因为差异而忽视了对他们身心发展一般规律的认识,不能忽视一般性教育规律和教育方法的运用。这些正是我们认识特殊需要学生和教育教学的基础。

由于特殊需要学生在身心发展、高级神经活动上有自己的特点,在对这些学生进行教育时，不能忽视这些差异带来的特殊性。要区分特殊需要学生所表现的各种特殊性中哪个是原因，哪个是结果，也就是要区分出第一性的缺陷和由其派生出的第二性、第三性缺陷。第一性缺陷是各类特殊需要学生心理和教育的特殊性产生的物质基础，应当由医生确诊和鉴定，或者可以通过某些医疗措施加以治疗，如被医学诊断为智力障碍、听力障碍等。而第二性、第三性缺陷可以由教育工作者通过有计划、有目的的教育教学活动加以训练和补偿。盲、聋、智力障碍儿童的感知觉、记忆、言语、思维、情感、意志等方面都会表现出特殊性或缺陷，其适合的教育目的、教学方法、教学组织形式、交际工具等方面也有诸多特点。这些缺陷或特点在特殊需要学生的发展或教育过程中起的作用不同，我们尤其应该分出主要和次要，以便抓住主要的、决定性的环节进行更有成效的特殊教育。

二、教育给予儿童的引导和支持

（一）融合教育给予每个儿童成长的机会

日本教育家佐藤学在其《静悄悄的革命》一书中指出："与特殊需要学生一起学习具有无限丰富的意义，通过这种学习，我们能够改变自己的人生，也能够改变我们所生活的世界；教师自身通过引发与支持促进学生的学习，也能够实现自己实实在在的追求[①]。"对

[①] ［日］佐藤学. 静悄悄的革命[M]. 长春：长春出版社，2003：42—43.

特殊需要学生来说，融合教育不仅可以让他们回归到主流学校，积极参与教育教学，接受高质量的教育，还意味着他们可以通过学习掌握参与社会的技能和方法，为未来的社会生活做好准备。对普通学生来说，参与融合教育可以学会理解与尊重差异，提高责任意识，能够更加深刻地理解学习的目的和意义，并且有机会体验与学习更多接纳、理解、合作的方法。

（二）融合教育团队给予每个儿童成长的支持

1994年联合国教科文组织颁布的《特殊需要教育行动纲领》明确指出："尽管融合学校为实现平等机会和全面参与提供了有利的环境，但他们的成功仍需要一种不仅仅是教师和学校其他人员的努力，还包括同伴、家长、家庭和志愿者的共同努力的局面[①]。"也就是说，特殊需要学生的成长需要多方参与、多方合作与多方支持。

在学校教育的过程中，特殊需要学生需要教师与教师之间、学生与学生之间以及社区和各级组织之间建立一种支持、合作的关系，共同营造一种融合的氛围。首先，在教师与教师之间，融合教育要求班主任、任课教师、心理教师、物理治疗师、语言治疗师等各类人士进行合作，对特殊需要学生进行个别化的教育和支持。其次，在学生与学生之间，融合教育要求普通学生与特殊需要学生一起合作、交流、学习，进而让他们适应社会生活。最后，在家庭、学校、社会之间，融合教育需要所有人的合作，鼓励每个人作为参

---

① 赵中建.教育的使命——面向二十一世纪的教育宣言和行动纲领[M].北京：教育科学出版社，1996：136—137.

与、支持的伙伴和成员，充分发挥出自身的能力，提倡多方的支持与参与。

> 【提要】
>
> 满足学生的教育需求，使其得到应有的发展是教育工作者的责任与义务。从学生实际出发，关注共性与差异，才能给予每个学生成长的机会和支持。个体差异是学情分析的重要组成部分，是教育教学的依据，是见证个体成长的工具。尊重个体差异是保障每位学生实际获得的前提。

第三节　谁是特殊需要学生

【案例：越来越"不同"的学生】

在班上，老师可能会遇到这样的学生，他们看上去和其他学生并无不同，但相处一段时间后，老师通常会发现他们和其他学生的不同之处，比如，学习速度慢、不遵守课堂纪律、非常固执、脾气大、情绪变化快、很难和同学相处、做事磨蹭、注意力不集中、作业总出错等。这些问题，虽然在其他学生身上也会出现，但老师会明显感到这些学生表现出来的问题与其他学生不一样。

经典教材|学术专著

书号	书名	作者	书价
*0488	应用行为分析（第3版）	[美]John O. Cooper 等	498.00
*0470	特殊教育和融合教育中的评估（第13版）	[美]John Salvia 等	168.00
*0464	多重障碍学生教育：理论与方法	雷江华	69.00
9707	行为矫正（第7版）	[美]Richard W. Malott 等	168.00
*0449	循证本位的课堂家家庭疗法（第2版）	[美]Michelle K. Hosp 等	88.00
*9715	中国特殊教育发展报告（2014-2016）	邓猛、梁雅静、邓雅文	59.00
*8202	特殊教育概论（第3版）	朴永馨	59.00
0490	教育和社区长成中的单一被试设计	[美]Robert E. O'Neill 等	68.00
0127	教育研究中的单一被试设计	[美]Craig Kennedy	88.00
*8736	扩大和替代沟通（第4版）	[美]David R. Beukelman 等	168.00
9426	行为分析师伦理化理与辅导（第4版）	[美]Jon S. Bailey 等	85.00
*8745	特殊儿童心理评估（第2版）	韦小满、蔡雅娟	58.00
0433	培智学校康复训练康复与教学	孙颖、陆莎、王善峰	88.00

新书预告

出版时间	书名	作者	书价
2024.10	病理性儿童的逃避方为辅防策	[美]Phil Christie 等	58.00
2024.10	融合教育家家族指南：校长手册	[美]Julie Causton	58.00
2024.10	孤独症儿童家长培养手册	[美]Sally J. Rogers 等	98.00
2024.12	儿童桌游的105个秘密	林富娜	39.00
2024.12	困扰了你很久的，ASD女性的日常	[美]Sarah Hendrickx 等	49.90
2024.12	看见她们：ADHD女孩的困境	[瑞]Lotta Borg Skoglund 等	49.96
2024.12	孤独症儿童游戏和语言PLAY早期干预指南	[美]Richard Solomon 等	49.00
2024.12	特殊教育研究方法中的单一被试设计	[美]David Gast	68.00
2024.12	孤独症班级中的特殊教育需要学生	[美]TobyKarten	49.00
2025.02	沟通障碍导论（第7版）	[美]Robert E. Owens	198.00
2025.02	优秀行为分析师的25项基本技能	[美]Jon S. Bailey 等	68.00
2025.04	孤独症班级中的孤独症学生	[美]Barbara Borosson	59.00

注：书号前带*的为有电子书

微信公众号：HX_SEED（华夏特教）
微店客服：13121907126
天猫店：hxcbs.tmall.com
邮箱、投稿：hx_seed@hxph.com.cn

联系地址：北京市东城区广渠门内大街4号（100028）

关注我，看新书！

北京特教系列丛书

书号	书名	作者	定价
孤独症入门			
0137	孤独症谱系障碍：家长及专业人员指南	[美]Lorna Wing	59.00
8679	阿斯伯格综合征完全指南	[美]Tony Atwood	78.00
8081	孤独症和相关沟通障碍儿童的开发与教育	[美]Gary B. Mesibov	49.00
0713	趣味多的儿童教师家庭图解	[日]水屋大雅 等	49.00
0157	基于兴趣的家庭指南	[日]星野仁美	49.00
0004	自闭症儿童训练家庭图解	[日]藤泉延吉 等	49.00
0116	成人障碍的ABA家庭指南	[日]杉木和寺	49.00
0150	亲近上科学教育	[日]上科和寺 等	49.00
6110	孤独症儿童具有1001个教育案例的教案（第2版）		88.00
0107	孤独症孩子系需要和指导十件事（第3版）	[美]Ellen Notbohm	49.00
2029	应用行为分析儿童入门手册（第2版）	[美]Albert J. Kearney	39.00
*0356	应用行为分析儿童行为管理（第2版）	郭延庆	88.00
教养家典			
*0149	孤独症儿童关键反应治疗案（CPRT）	[美]Aubyn C. Stahmer 等	58.95
*0461	孤独症儿童早期介入的行为训练指导	宋薇、邓晓蕾 等	49.00
6661	够着听说（第2版）：孤独症系障碍家长及教师沟通能力	[美]Kathleen Ann Quill 等	98.00
0511	孤独症关系障碍儿童关键教授生活技能	[美]Robert Koegel 等	49.00
9852	孤独症儿童行为管理及行为训练课程	[美]Ron Leaf 等	68.00
0468	孤独症成人及青年感官与训练指导	[美]Mitchell Taubman 等	68.00
9467	视频建模：如何帮助孤独症及相关障碍儿童沟通与学习	[美]Stanley L. Greenspan 等	68.00
9348	特殊需要儿童通向安全：如何促进孤独症儿童情绪发展	[美]Stanley L. Greenspan 等	69.00
9964	进其行为系：如何教有孤独症及相关障碍儿童	[美]Mary Barbera 等	49.00
0419	急风起见：新手老家长养育	[美]Mary Barbera	78.00
9768	解决问题行为的家教策略	[美]Linda A. Hodgdon	68.00
9861	促进沟通的视觉策略	[美]Linda A. Hodgdon	59.00
8607	孤独症儿童早期介入丹佛模式（ESDM）	[美]Sally J. Rogers 等	78.00
9489	孤独症儿童行为治疗	刘量	49.00
8598	孤独症儿童游戏与想象力（第2版）	[美]Pamela Wolfberg	59.00
0293	孤独症儿童如何获得朋友和同伴：以爱与持续激发图体播式扫悠迷	[美]Pamela Wolfberg	88.00
9324	功能技术为本化及子个家表手册（第3版）	[美]Robert E. O'Neill 等	49.00
0170	孤独症谱系障碍儿童视觉系统家庭用策略	[美]Sarah Murray 等	49.00
0177	孤独症谱系障碍儿童训练家教用策略	[美]Christopher Lynch	49.00
8936	发育障碍儿童游戏辅治与训练指导	[日]柚木雄一、有峨康司	28.00
5000	结构化教学的应用	于丹	69.00
0402	孤独症及其家庭儿童入学行为规则教育手册	[美]Adel Naidowski	48.00
0167	功能分析及应用：从ABA原则到行为手册	[美]James T. Chok 等	68.00
9203	行为分析图：改善孤独症谱系障碍儿童行为的策略支持	[美]Amy Buie 等	28.00
0675	鼓励和被教的孩子：如何增加孩子了解配合率	[美]Ellen Braaten 等	49.00
0653	鼓励和独教的孩子：如何消除孩子不良的动机	[美]Ellen Braaten 等	49.00
0703	其具表激起儿童的核心能：JASPER模式	[美]Connie Kasari 等	98.00
*1761	欢乐三重奏：用行为疗法和孩子一起学习生活	[美]Jill C. Dardig 等	69.00

	社交技能		
*0575	搭建友谊之桥：18 种有趣的游戏和练习提升孩子的社交能力	[美]Leah M.Kuypers	88.00
*0463	孤独症及相关障碍儿童社交情景训练	静进、王馨、王梅玉、辑丹	78.00
*9300	社交故事新编（十五周年也念修订版）		59.00
*0151	抓住机器的：与孤独症孩子的家长、老师和医生们的社交故事	[美]Carol Gray	28.00
*9941	友友行为和我要蔓延：脊春少年和成人的 5 级量表		36.00
*9943	不要慌！不要怕！来增加我 5！：青少年和儿童执行的量表	[美]Kari Dunn Buron 等	28.00
*9942	神奇的 5 级量表：提高孩子的社交和情绪能力（第 2 版）		48.00
*9944	事件，大小？大小！（第 2 版）		36.00
*9537	用火车零对话：提高对话技能的趣味策略		36.00
*9538	用圈圈等沟通：提高孩子问答能力的趣味策略	Joel Shaul [美]	42.00
*9539	用照相零社交：提高社交技能的趣味策略		36.00
*0176	图说社交技能（儿童版）		88.00
*0175	图说社交技能（青少年及成人版）	[美]Jed E.Baker	88.00
*0204	社交技能训练家庭手册：70 节增进和培养儿童社交技能的训练课		68.00
*0150	看图学社交：帮助有社交困难的孩子理解社会规则关系	张璁 等	88.00

	与自闭行		
0732	来我的世界看一看，瑞呆易 ASD、ADHD	[日]岩濑利郎	59.00
*0428	我在特别别，这里家庭那！	[美]Luke Jackson	39.00
*0302	孤独症者能量；PDA，医者妈，孤独症和我	[美]Jennifer O'Toole	49.90
*0408	我心名世界（第 5 版）		59.00
*7741	用图行谈话：与自闭症共生	[美]Temple Grandin 等	39.00
*0860	社交潜规则（第 2 版）：以孤独症视角来解读社交潜规则		68.00
0722	孤独症大脑：对孤独症谱系的思考		49.90
*6019	红豆小星，教会孩子管理愤怒的情绪秘籍		36.00
*8018	深蓝巨人：教会孩子管理焦虑的情绪秘籍	[美]K.I.Al-Ghani 等	42.00
0110	灰色魔法：教会孩子管理沮丧的情绪秘籍		48.00
*9481	哦豆！人类有个奇怪的祝融存在		38.00
9478	玩耍！人类有多么难	[美]Kathy Hoopmann	38.00
*9479	嗨豆！人类有点疯狂		38.00
9002	我的孤独症朋友	[美]Beverly Bishop 等	38.00
9000	多多的噪声	[美]Paula Kluth 等	30.00
*9001	与一样也没关系	[美]Clay Morton 等	30.00
*9003	水在王子	[德]Silke Schnee 等	32.00
9004	看！我的生活：爱上与我的自己	[美]Shaina Rudolph 等	36.00
*0690	穿戴庆乱：走出孤独症	[美]Judy Barron 等	59.00
8297	难料的孤独症：我孤独症兄长的故事	[美]Douglas Bicklen	49.00
7227	让我听见你的声音：一个家庭战胜孤独症的故事	[美]Catherine Maurice	39.00
8762	寻有自儿几个卡片		36.00
*8512	紫张美铃、紫旋风	[美]张美铃、紫旋风	36.00
*8512	喇叭小花派号：中国孤独症孩子家长寻生故事		28.00
*9762	穿透孤独症枷锁	张雁	49.00
0190	冠热起亚旅程：重获、救赎和波折的涙涙	蔡文生	49.90

书号	书名	作者	定价
	融合教育		
0686	孤独症儿童融合教育支持体系本土化实践探秘	王红霞	98.00
*5061	孤独症学生融合教育策略设计与教学案例	[美]Ron Leaf 等	68.00
0652	融合教育教师手册		69.00
*0709	融合教育助理教师手册（第2版）	[美]Julie Causton 等	69.00
*9228	融合学校问题行为干预手册		30.00
9318	融合教室问题行为干预手册	[美]Beth Aune	36.00
9319	日常生活问题行为干预手册		39.00
9210	特殊教育家课沟通方式与策略指导		59.00
*9211	家长携手：特殊教育重要考生与教师的故事	王红霞	39.00
*9212	巡回指导的护理与家教		49.00
1026	你该爱上这个孩子吗！：在困苦环境中教育好孤独症考生（第2版）	[美]Paula Kluth	98.00
*0013	孤独症考生教学与辅导	邵爱红、杨希洁、刘梅蕾	49.00
0542	孤独症教育中目图普考生常见问题与对策		49.00 上海市"融合教育研究所所自的考生"
9329	融合教育材料教		65.00
9330	融合教育管理与家教	吴淑美	69.00
9497	孤独症谱系障碍学生融合教育介入（第2版）	[美]Gary Mesibov	59.00
8338	孤独劳累考生：关怀激励促进健康家教	[美]Michael Marlow 等	36.00
*7809	特殊儿童融合教育资源教室建设用书	韦国振	49.00
8957	听而障碍考生教育：巧设听觉考生的欢乐和特长	[美]Paula Kluth	30.00
*0348	孕聋孩子名师带明手册	[新加坡]罗颖明 等	39.00
*8548	聋校教育方案下特殊教育教师专业化发展		88.00
*0078	视觉障碍重考生：有效的教师应该知道的事	杨颖	49.00
	电影教育		
*5222	学与自闭：教会特殊需要儿童日常生活技能等（第4版）	[美]Bruce L. Baker 等	88.00
0130	孤独症和相关多障碍儿童初始沟通技能（第2版）	[美]Maria Wheeler	49.00
9463	发展性障碍儿童体育教育教科书/配套练习册	[美]Glenn S. Quint 等	71.00
9464	身体力能障碍儿童体育教育教科书/配套练习册	[美]Glenn S. Quint 等	103.00
0512	孤独症谱系障碍儿童睡眠问题家用技能	[美]Terry Katz 等	59.00
*8987	特殊儿童名名技能发展训练	Freda Briggs	42.00
*8743	特聚障碍儿童体育教育技能		68.00
0206	抱孩子的养育难：有爱障碍症孩成长手册	[美]Terri Couwenhoven	29.00
0205	抱孩子的养育难：有爱障碍症孩成长手册		29.00
*0363	孤独症谱系障碍儿童独立生活技能家成手册（第2版）	[美]Lynn E. McClannahan 等	49.00
	技术|职业		
*0462	孤独症谱系障碍考生未来需要筹备	吴新	69.00
*9296	K人任人：孤独症谱系人士技术就业	[加]Katharina Manassis	59.00
*8250	老师取业：同伴指导特殊人士来取职业和实业	[美]Gail Hawkins	69.00
*0299	职场最新动：孤独症及相关素性人士职场社交发展奉	[美]Brenda Smith Myles 等	49.00
*0301	我也可以工作！事务自考生自沟通手册	[美]Kirt Manecke	39.00
*0380	职业价，进展报告：同伴指导青少年和成人考生取用事业	[美]Nancy J. Patrick	59.00

这些学生很可能是特殊需要学生。特殊需要学生包括很多类别，这一节要介绍的是普通班级常见且对教师教学造成很大挑战的特殊需要学生，主要包括孤独症谱系障碍学生、注意力缺陷多动障碍学生、学习障碍学生、情绪与行为障碍学生。教师了解这些特殊学生的特点，有助于在教学中有针对性地提供教育对策，也能够更好地了解本书后续章节提出的教育建议。

一、孤独症谱系障碍学生

孤独症谱系障碍（以下简称"孤独症"）是一种对人的社会交往和沟通功能造成明显损伤，同时导致人的部分行为举止重复、刻板，兴趣爱好局限、奇特，感知觉过度或迟钝的发育性障碍，一般在儿童3岁前表现出症状。孤独症会对人的发展产生全面、深远的影响。它算得上是各类障碍中最令人着迷和困惑的一种障碍，吸引着心理、教育、信息科技、脑科学、基因、营养学、社会福利等各个领域专业人士的关注。

（一）表现特点

1. 社会交往/沟通

社会交往/沟通障碍是孤独症学生最显著的特点之一。他们在交流中缺少灵活应对性，缺乏情绪反应。他们缺少与人对视，不喜欢身体接触，很难理解社会交往中应该遵循什么样的规则，难以建立和维持社交关系。

在学校里，孤独症学生的社会交往/沟通大致可以分成三类。

一是"回避型"。这些学生很少主动回应别人的问话或要求，甚至回避和人接触，大部分时间都在做自己的事情。他们中大部分人有明显的语言发展迟滞问题。二是"被动型"。这些学生虽然很少主动发起交往，但是能回应别人，只不过他们的回应方式通常显得刻板。三是"主动型"。这些学生会主动与人交往，也希望有朋友，但是他们的交往方式比较特殊，比如，与小朋友一起聊天时，他们不会围绕大家感兴趣的话题进行讨论，会自顾自地说自己喜欢的话题，结果造成同学不喜欢和他一起玩。

2. 刻板行为 / 固定活动

这是孤独症学生的另一显著特征。他们经常固执地坚持按某种顺序做某件事情，不喜欢打乱他们已经习惯的日程，特别迷恋某些奇特的东西。比如，有的学生总按照特定的路线走进教室；有的学生难以忍受临时调换课；有的学生无论怎么换位置都坚持用同一张桌子；有的学生特别喜欢轮子、积木等玩具；有的学生和其他人交谈时，总是固定地说几个相同的句子。

3. 感知觉

孤独症学生的感知觉与普通学生差异很大，这甚至成为孤独症的诊断标准之一。视知觉功能强大是很多孤独症学生的共同特点，比如，给学生出示一张活动流程图，比给他们讲解 10 次以上活动怎么进行更有效。此外，很多孤独症学生能发现事物之间非常细微的区别，有些学生甚至能像照相机那样记录所有看到的景象。但是，孤独症学生看到的主题通常与普通人不同，比如，看到一幅有山有水的画，我们会将画命名为"山水"，但孤独症学生注意到的可能是画上的某片叶子，他可能会将画命名为"叶子"。有些孤独症学生不愿意与人对视，这也可能与直视他人眼睛会给他们带来不安或不适的视觉感受有关。

他们的嗅觉、味觉、触觉也很不同。有些学生特别敏感，无法忍受我们习以为常的声音、气味、材料质地等，比如，有的学生一听见高的声音就到处跑或尖叫；有些学生的感知觉却太不敏感，比如，有的学生即使手流血也不觉得疼痛；还有些学生喜欢我们不能忍受或不能理解的一些感觉，比如，有的学生喜欢闻臭鸡蛋、臭鞋、发油，有的学生喜欢摸丝袜，有的学生喜欢不停转圈、晃动手臂，有的学生着迷于玩水或转轮子等。

4. 语言

孤独症学生的语言发展水平各不相同。有些孤独症学生的语言能力很好，比如，有的学生说话时经常长篇大论、滔滔不绝；有的学生很重视语言表述的逻辑顺序、字词读音等；有的学生口语表达一般，但是文章却写得很精妙。有些学生的语言发展迟缓，尤其是口语发展严重迟缓，比如，有的学生很难正确使用"你、我、他"；有的学生只能说一些简单短句；有的学生总是重复别人的话；有的学生甚至不说话。无论语言水平如何，当他们和别人对话，尤其是和多个同学一起聊天时，都很难和大家就一个话题进行回合式的交谈，他们也很难理解同学的玩笑话，甚至会因此和同学闹矛盾。

还有一个值得关注的现象是，很多孤独症学生的发音比较特殊，比如，声调偏高、音调变化小、说话声音小、发音不准确、鼻音重等。到了青春期，这一情况通常会有所改善。

5. 情绪／情感

孤独症学生对情绪的理解和表达经常让教师感到困惑。有的学生对别人的情绪没有明显反应，比如，同学对他很生气，他却不自知。有的学生则反应过度，比如，看到班上有学生哭，他也会跟着号啕大哭。

有些学生在班上会出现"情绪失控"的情况，比如，在课上大吵大闹、尖叫，和同学、老师争执，拒绝进教室，甚至发生肢体冲突、破坏东西等。但情绪失控背后的原因通常是他们难以忍受环境中的某种东西、难以表达自己的想法，或觉得自己受到了伤害，正因如此他们才会出现"发脾气"的行为。

无论这些学生的情绪变化如何，他们都有特别可爱的地方。他们情感真挚，很少隐藏自己的真实感受；他们会用特殊的，甚至令其他人尴尬的方式向自己在意的老师和同学表达好感，比如，每天必定去办公室问候、在课上不停地给老师找碴、使劲拥抱喜欢的同学等。

6. 智力／学业表现

有些学生具有和普通人一样，甚至远高于普通人的智商，有些学生则有智力障碍。有些学生具有一两项特殊的才能，如拼写、阅读、算术、记忆、音乐、绘画等。

随着年级的增高，有些孤独症学生会在阅读与写作、数学应用题解答等方面遇到困难。这通常和他们对文字表述的理解有关。例如，在数学方面，很多时候他们不是因为不了解数理知识，而是因为不理解题目的意思而做错题。

7. 身体/动作

孤独症学生的身体形态看上去和普通学生无异，但有的学生会出现佝偻身体，动作缓慢、不协调，走路踮脚、高抬腿，跳绳经常绊住自己，喜欢趴在桌子上等问题。这些会影响他们参与体育课和一些运动类活动的主动性。

（二）易误解的观点

1. "自闭症"和"孤独症"不同

错。孤独症实际上就是自闭症，这两个词的英文对应词都是"autism"。"自闭症"实际上是我国港台地区使用的译法，在其他地区，越来越多的家长、教师、学者都开始使用这一词。但在我国目前出台的各类法律法规、政府文件中，使用的都是"孤独症"一词。本节亦使用孤独症这一译法。

2. "孤独症谱系障碍"意味着症状有多种表现

对。"谱系障碍"意味着这一障碍是由相似的但又具有多种表现形态的症状聚集而成。我们可以将"谱系障碍"想象成一条线段，线段的两个端点分别是"极重度"和接近普通人群的"轻度"。越靠近"极重度"，越可能伴随其他明显的症状，如智力、语言、运动能力低下等；越靠近"轻度"，智力、语言水平越高，和普通人群相差越小。轻度孤独症有时也被称为阿斯伯格综合征或高功能孤独症。

3. **孤独症儿童更可能出生在"高知"家庭**

错。至今为止,没有研究证明,父母的智力、学业、收入、职业等情况,与儿童罹患孤独症有直接关系。

4. **孤独症是由儿童受到的某种创伤造成**

错。不可否认,有些受到创伤的儿童的部分行为表现和孤独症儿童的某些行为表现相似,比如,不愿意和人对视、很少说话,与其他人交往时显得不自然等。有些治疗创伤的心理干预方法对孤独症儿童也能起一定的积极作用。但是,创伤不是造成孤独症的原因。科学界目前认可孤独症是一种多因素造成的神经发育障碍,可能与染色体和遗传基因异常有关,可能与脑发育过程中出现异常有关,可能与母亲怀孕过程、婴儿出生过程,以及新生儿阶段接触某些病毒有关。

5. **患有孤独症的男孩比女孩多**

对。男孩和女孩的比例大概是 4∶1。

二、注意力缺陷多动障碍学生

注意力缺陷多动障碍(Attention Deficit Hyperactivity Disorder,简称 ADHD)是持续出现注意力无法集中、无意义动作频繁、冲动现象,进而导致学生在学习和社交方面出现困难的一种脑部发育障碍。幼儿园时,ADHD 学生由于没有课业压力,加之年龄小,所以不易被注意到。进入小学后,由于环境对学生的要求增多,尤其是学习任务加重,学生的注意力缺陷多动问题开始凸显。

(一) 表现特点

1. 注意力

ADHD 学生在听课、参加活动时，明显比其他学生显得心不在焉，他们很难将注意力持续放在学习任务或活动上。他们很容易被与任务无关的刺激吸引，比如，老师让学生看例题，ADHD 学生注意的却是例题中的人物。他们对事物的细节关注不够，所以会把事情做得一团糟。他们经常丢失学习用品或书本，忘记老师布置的任务。他们在听别人说话时也容易"走神"，比如，老师和他们说话时，他们经常说一些和谈话主题无关的、自己想说的内容，而且话题转换非常快。

2. 多动

多动是 ADHD 学生的特点。他们很难安坐在座位上，总是不停地动来动去，经常发出扭动身体、晃动桌椅、掉东西的声音，甚至会离开座位。他们做事情显得手忙脚乱、毛毛躁躁，规划性不足。比如，老师让他们将语文课本放进书包，再拿出数学课本，他们会把没有合上的语文课本直接塞进书包，发觉不合适后又重新拿出语文课本合上，然后放进书包，再把所有书翻出来找数学书。最后结果是，直到上课前，他们都没有找到数学书，而他们的桌子上却出现了各种各样的书。多动还表现在其他方面，比如，他们会在老师提问没有结束时抢答问题、随意打断别人的谈话、不喜欢排队等待、不适应安静的场合、不停地说话等。有时，他们还会做出危险的事情，比如，在马路上跑来跑去、突然攀爬到一个高台上等。

3. 智力 / 学业表现

大部分 ADHD 学生智力水平正常，但也有少部分 ADHD 学生有智力低下情况。不过，即使他们智力水平正常，也会由于有注意力不足、多动的问题，导致学业表现一般或不佳。对他们而言，在规定时间内完成作业是件苦恼的事情，因此他们常常不能完成作业或考卷，经常出现漏题、错题现象。另外，遇到需要耗费较多精力的难题，他们会回避或不情愿去做。如果把学习任务分解成小单元，减少环境中的干扰因素，他们能够顺利地完成学习任务。

4. 社会交往 / 沟通

ADHD 学生容易和同学出现争执或冲突。老师可能会经常接到同学的"告状"，说 ADHD 学生不排队、不愿意参加集体活动、打人、上课玩小玩具等。如果老师向 ADHD 学生了解情况，他们有可能予以否认，这并非都是因为他们故意不承认，有时是 ADHD 学生自己都没有意识到自己造成了这些问题，也没有认识到问题后果的严重性。反过来，ADHD 学生的"不承认"，又恶化了他们和同学的关系，甚至引起老师的不满。

5. 情绪情感

ADHD 学生比其他学生显得急躁、情绪变化大，且他们表达情绪的方式更为直接、激烈。比如，有些学生会因为自己的言行举止不符合规则要求或被人排斥而受挫、伤心，他们会通过号啕大哭、摔打东西、攻击等方式宣泄情绪。这些激烈行为如果没有得到适当的疏解和引导，他们可能会不断遭遇挫折，焦虑、抑郁等情绪也会伴随而生。

（二）易误解的观点

1. **安静的学生也可能有注意力分散问题**

对。注意力缺陷多动障碍有两个主要诊断标准，一是看学生注意力是否分散，二是看学生是否有多动、冲动的行为。有些学生没有多动、冲动的表现，显得很安静，可是他们同样有明显的注意力分散问题，以至于对他们的学习和发展造成了负面影响。这些学生属于注意力缺陷（英文简称是 ADD）学生，即没有多动、冲动问题的注意力缺陷学生。

2. **ADHD 是由管教不严造成的**

错。ADHD 是一种脑部发育障碍，环境因素，如家长的教育方式、家庭的经济条件并非学生患有 ADHD 的原因。但是，ADHD 学生的注意力和行为问题能够通过家长和教师的教育干预，得到很大的改善。

3. **服药就能治好 ADHD**

错。不少 ADHD 学生需要服用药物，但目前为止，尚无报道指出哪一种药物能完全治好 ADHD。使用药物是为了调节大脑神经递质，使学生的注意力、行为举止得到改善。ADHD 学生用药的同时，需要得到学校和家庭的关心和教育支持。此外，用药期间，ADHD 学生可能会出现不良反应，如睡不好、吃不好、莫名烦躁、身体疼痛等。这需要家长和教师付出更多的关心和长时间的陪伴。

4. ADHD 女生的问题更严重

错。这和人对男女性别的刻板印象有关。对 ADHD 男生而言，注意力分散、冲动的行为是更容易被人们接受；但对 ADHD 女生而言，受性别刻板印象的影响，她们的问题在老师、家长的眼中会显得更严重、更令人难以接受。

5. ADHD 学生玩游戏时注意力能高度集中

不完全正确。大部分 ADHD 学生玩游戏时会显得注意力高度集中，这可能与电子游戏的性质有关。电子游戏通常把大的任务分解成小任务，每完成一个任务都有相应的奖赏，电子游戏需要眼睛、耳朵、手等多种器官的参与，这很符合 ADHD 学生的学习特点。他们喜欢小步骤式的学习任务，获得及时的奖赏，通过多感官参与提高大脑的兴奋度等。这提示教师，在教导 ADHD 学生时，要注意根据他们的身心发展特点，设计学习任务。

三、学习障碍学生

学习障碍是一种多因素造成的脑部神经发育障碍，它会造成人们在听、说、读、写、计算等方面出现明显困难，而且这种困难并非由智力、听力、视力等残疾因素造成，也并非由教育方式造成。学习障碍包括不同亚类型，在学校中最易发现的包括：拼写障碍、阅读障碍、写作障碍、数学学习障碍。

(一)表现特点

1. 智力/学业

和其他普通学生的智商分布情况一样,大部分学习障碍学生的智商在正常范围,一部分学习障碍学生智商超常,还有一小部分学生的智商较低。但学习障碍学生令人困惑的地方就在于此,老师通常不解地问:"他们不笨啊,甚至很聪明,为什么学习会有问题?"

有拼写障碍的学生,在学习写拼音、数字、单字时,就经常出现漏写(漏写整个字或漏写笔画)、叠字写(一个字压在另一个字的上面)、单字结构混淆写(如把"吗"写成"马口")、上下错格写、镜像写(如把"b"写成"d","3"写成"ε"等)、笔画之间不连贯、溢字(不能将字写在规定的区域内),以及字体大小不齐的现象。

阅读障碍可能是学习障碍学生最为普遍的问题。有的学生在低年级时往往拼读有困难,如遗漏某个音(将"zuan"拼读成"zun")、误拼(将"f-a-fa"拼成"f-a-wa")、音节替代难(不知道如何将"hua"改成"gua")等。朗读一段话时,他们会出现漏读字词、跳读其他行、重复读某个片段、在不该停顿的地方停顿、朗读速度过慢等现象。他们不喜欢读篇幅较长的文章,尤其是长句多、转折多的文章。看完文章后,他们通常难以复述文章的主要内容,只能回忆其中的片段。到了高年级,在其他学生已经发展出很好的默读能力时,阅读障碍学生还在用手逐一指读。但是,如果把文章读给他们听,他们通常能了解文章的含义,并且能够很好地复述。

有写作障碍的学生,讲故事非常精彩,但写故事时就变得内容寥寥，甚至出现结构不完整、逻辑不合理的情况。在文章中，错误使用标点符号，字迹潦草，拼写错误多的现象也大量存在。家长和教师很容易误认为他们"偷懒"。长期背负着负面印象对这些学生的写作信心、兴趣又是一消极打击，进一步加重了其写作障碍。教导学生写作技巧，同时佐以积极鼓励，能提高他们的写作水平。

在数学学习障碍中，问题表现最明显的是计算障碍。在计算需要进退位的数学公式时，无论公式是横排还是竖排，有数学学习障碍的学生都会出错。他们计算竖排公式更易出错，经常忘记进退位，或出现错位计数情况（如将十位数的数字和百位数的数字相加减）。他们对基本的学前数学概念（如大和小、上和下、多和少）、数字符号和数学单位（如厘米和米）的学习和应用，也显得比其他学生慢。做应用题时，误解题意、未能读全题目、计算错误的情况比较多见，这与他们的阅读能力也有一定关系。有些有计算障碍的学生学习几何、代数时表现不错，有些数学学习障碍学生则会出现困难，这与他们对数字信息的空间表征掌握不佳有关。用明显的视觉提示来提醒不同数字的位置、不同符号标识、不同平面的区别，以及简化应用题的无关信息等方式，有助于数学学习障碍学生更好地了解题目信息。

有些学生只有上述一类学习障碍，有些学生则同时有两类或两类以上的学习障碍。这些使他们的学业成就和他们的智力水平明显不匹配。

2. 社会互动/沟通

学习障碍学生通常能和其他人进行友好、有效的社会互动和沟通,但有的老师或同伴会觉得他们显得比同龄人更幼稚。他们能够建立友谊,有自己的好朋友,但也更容易和其他同学发生冲突。

3. 情绪情感

大多数学习障碍学生的情绪状况和普通学生相似,但部分学习障碍学生比其他人更容易生气、更容易出现攻击性言行,也有的学生容易产生自卑感受。这些通常与他们因学业而遭受的评论有关。

4. 感知觉

学习障碍学生的感知觉问题,虽然不如孤独症学生突出,但是也值得关注。比如,有些学生对某些语音、语调感知弱,因此听课时他们会丧失一些重要信息。有些学生"看"的能力不行,但通过"听"却可以掌握很多知识。有些学生"看"和"听"的能力都比较弱,但是通过身体运动或动手操作产生的动觉,却能够很快掌握概念。有些学生在多感官刺激的环境中能更好地学习,但也有学生整合听觉、视觉以及动觉信息时会出现困难。所有这些特点都提示教师需要仔细观察、分析,根据学生的不同特点设计适合的教学活动。

(二) 易误解的观点

1. 出现拼写问题的学生并非都有学习障碍

对。很多一年级学生刚练习写字时,会出现各种拼写问题。随着年龄增长,学生的手部力量、手眼协调能力,以及拼写技能都有所增长,这些学生在没有任何干预的情况下,也会越写越好。但如果到了三四年级,学生还存在明显的拼写问题,就需要考虑其是否有拼写障碍。

2. 写字特别轻或特别重是拼写障碍的表现

错。如果学生写字只是单纯轻或单纯重，而没有其他拼写问题，他们通常没有拼写障碍。遇到这样的情况，需要考虑：（1）学生是否能很好地控制自己的手部肌肉力量以及身体其他部分肌肉力量；（2）学生是否遭遇某些心理困扰，尤其是写字特别轻的学生。

3. 多练习、多复习有助于提高学习障碍学生的成绩

不完全正确。寻找到适合学习障碍学生的教学方式，在此基础上多练习、多复习才有效果，否则不仅会加剧学生对学习的抵触情绪，也会使他们对自己的学习能力丧失信心。例如，让有阅读障碍的学生一遍一遍地看课文，不如让他们听一遍课文的学习效果好；对有些有计算障碍的学生而言，他们需要从点数开始建立对数的顺序的认识，让其一遍一遍列式计算是无效的。

4. 学习障碍学生长大了就变好了

错。目前为止，科学界认为学习障碍会伴随人的一生。大部分学习障碍人士成人后，能自立自强，甚至有些学习障碍人士在学业、事业方面能取得高成就。但这并不意味着他们学习障碍的特征消失了。这些取得成功的人士，通常是找到并掌握了适合他们的学习策略，找到了能够发挥自己特长的途径。很多学习障碍者长大后依旧很难适应社会生活，如难以阅读文字信息、不能对生活中需要用到的基本数学信息进行分析与计算等。

四、情绪情感障碍学生

情绪情感障碍是指学生在学校情境中,在没有明显压力事件的情况下,表现出与自身年龄、学识、学校和班级规则、社会文化不符合的情绪或行为反应,对学生的学习、社会交往造成了负面影响。情绪情感障碍有不同的表现症状,包括恐惧、强迫、抑郁、厌学等。

(一)表现特征

1. 情绪情感/行为

情绪情感障碍学生通常具有比较高的焦虑水平,他们的情绪状态不稳定,这些都可以通过行为观察到。情绪情感障碍学生的行为表现大致可以分成两类。一类是比较明显的不顺从行为,包括:吵架、打架、大吼大叫、不理会老师的指令、对老师的批评及耐心教导无动于衷、上课违纪、不完成作业、撒谎、偷窃等。一类是不那么明显的焦虑或抑郁行为,有这些行为的学生虽然不会公开挑战教师权威以及公共秩序,但是他们有的显得郁郁寡欢,有的沉溺于幻想,有的说自己害怕某些事物,有的经常说自己难受,有的会莫名情绪低落、无声或小声哭泣等。不同症状的学生还会有其他不同的表现。

有惊恐症的学生会对大家习以为常的事件感到巨大的压力,有些学生甚至说不清楚自己焦虑、害怕的是什么。暴躁、哭闹、吃不下饭、做噩梦、心跳快、呼吸急促、呕吐、流汗、肌肉处于紧张僵硬状态等,都是他们可能出现的症状。有的学生只对某些特定的已知或未知的事物有特殊的恐惧，比如，有的学生特别害怕封闭空间、某种声音、考试、某种动物等，当这些事物出现时，他们会表现出脸色苍白、肢体僵硬、行动迟缓等症状。有的学生则对很多事情都感到焦虑，比如，担心作业写得不好、上课发言出错、考试分数不高、画画不如别人，他们会为一点日常小事而苦恼很久，做事总是力求达到自己规定的完美标准。他们总说自己头疼、肚子疼等，这些表现有时会让老师误解，以为他们在撒谎。

有强迫症状的学生的想法或/和行为非常特殊。有的学生有强迫的想法，比如，有的学生固执地认为周遭有很多有害物质会对他造成伤害，有的人相信自己不做某种仪式性活动就会倒霉，有的学生有强迫的行为，比如，反复洗手，反复检查水龙头、电灯是否关上等。很多有强迫症的学生，对自己的物品的"干净"程度有非常苛刻的标准。他们不允许别人碰触自己的东西，掉到地上的东西他们也不愿意再接触。如果同学不小心碰到他们的东西，他们会表现出明显的嫌弃或愤怒。有趣的是，这些学生经常把自己周边的环境弄得一团糟，除了洗手、擦手外，他们中很多人还不喜欢做个人身体的清洁。大多数学生能意识到这些强迫行为以及想法给自己带来的痛苦，但他们无法摆脱。有强迫症的成人能意识到这些奇特的想法以及非要完成某种行为的规则，都是源于自己的内心，不受外界影响。但义务教育阶段的学生大多意识不到这些想法和行为的来源。

有抑郁症的学生，他们的某些症状和患有惊恐症的学生相似，但他们的内心更加绝望和无力。他们容易感到疲劳，注意力不集中，这些症状会造成听课"走神"、做错作业的现象明显增多。他们认为自己不够好，什么过错都是自己引起的。他们时常悲观，即使在老师的鼓励和同学的支持下，也不相信自己能"表现好"。有些学生能察觉自己的情绪状态不合理，但即使察觉到他们也难以控制自己悲观的想法。有些抑郁的学生会伪装自己，力求表现得和别人一样。但不愿意参加各种活动、不想和同学老师接触，学业成绩下降、食欲下降、睡眠差等问题，通常如影随形地伴随着他们，有些症状严重的学生甚至会产生自杀的想法。

厌学学生的表现很明显，从拒绝写作业、拒绝听课到拒绝上学。有些厌学学生上课期间在外游荡，结识一些社会人士并做出不良的事情，其中部分学生可能发展成为品行不良人士。有些厌学学生则长期躲避在家中，他们甚至不愿意走出自己的房间，很少和人交流，其中部分学生可能发展成精神分裂症或其他精神疾病的病人。

2. 智力 / 学业

情绪情感障碍学生的智力发展水平大多正常，也有部分学生智力发展水平低下。受其情绪影响，他们会在学习中遭遇各种挑战，学业成就普遍偏低。除此之外，他们能敏感察觉到教师、同学对他们的消极评价，这些评价进一步打消了他们参与学习的积极性。

3. 社会交往 / 沟通

情绪情感障碍学生的社会交往技能通常不高，当他们没有实现自己的目标时，容易情绪失控。他们对其他学生也很难做到感同身受,这造成其他学生对他们的评价不高,因此他们很难交到朋友,人际关系不良。

(二)易误解的观点

1. 青春期容易产生情绪情感障碍

错。这里要说明两个问题。第一,青春期的普通少年的确会出现各种各样的情绪问题,但是这些问题在一个"正常"范围内,并非"障碍"。通常他们的情绪产生有明显的、现实中存在的压力源,而且这些压力源大多来自对自身成长的困惑,以及对人际关系把握的困扰。普通学生通常能意识到自己情绪爆发时的状态,能察觉情绪爆发后的结果。普通学生即使正在经历情绪困扰,也能够应对学校的学习和各种活动,让自己继续成长。而有情绪情感障碍学生的情绪波动的压力源,大多是普通学生能忍受的事物或活动,有些压力源甚至是他们幻想出来的。当他们的情绪情感爆发时,表现出来的行为不仅会让教师觉得惊讶,也会让同龄学生难以忍受。他们的障碍通常使他们难以应对学校生活,对自己的发展产生阻碍。第二,很多情绪情感障碍学生确实是步入青春期后才表现出明显的行为问题,但他们童年时期的行为也是有迹可循的,只是这些行为容易被教师和家长忽略。

2. 让学生处于完全没有压力/有更大挑战的环境不利于减少情绪情感障碍

对。教师或家长处理学生情绪情感障碍时,容易走向两个极端。一是尽可能减少压力,这些家长和教师认为减少压力可以调整学生情绪，学生情绪变好就能更好地适应学校。因此，他们会采取为学生减小压力的做法，如学生厌学，他们就允许他不上学；学生有强迫行为，不喜欢被同学碰触，他们就在教室单独隔离一个空间给学生；学生无法忍受写作业和考试的压力，他们就取消作业和考试等。家长和教师会走的另一个极端是加大压力，这些家长和教师认为，学生之所以产生情绪问题就是抗压能力太低，所以要采取"加码"的做法。如学生厌学，那么家长和教师就采取"盯人"战术要求其上学；学生有强迫行为，不喜欢被同学碰触，他们就要求学生参加集体活动，营造与其他学生接触的机会；学生无法忍受写作业和考试的压力，他们就要求学生多做多练。教师和家长在认知层面，会清晰地意识到这两种处理方式效果不佳，但一到现实操作中，他们就很容易滑入"窨井"中。对于情绪情感障碍学生的问题处理以及教育，要遵循的原则和其他学生并无不同，本书后续提到的教育方式都可以借鉴。

五、其他类型的特殊学生

这一部分介绍的听力残疾、视力残疾、智力残疾、言语残疾、脑瘫等类别的特殊学生，在普通学校也时有遇见。

（一）听力残疾学生

听力残疾俗称为"聋"。有很多人将听力残疾人士称为"聋哑人"，这是误解，因为很多听力残疾人的听觉系统受损，但是言语系统没有受损，在经过专业的言语听力干预训练后，聋人也可以开口说话。

听力残疾指的是"各种原因导致双耳不同程度的永久性听力障碍,听不到或听不清周围环境声及言语声,以致影响其日常生活和社会参与"①。在判断听力残疾时,根据听力较好的耳朵进行判断,按照听力损失程度的大小分级如下:

听力残疾一级(极重度听力残疾),听力损失大于90分贝;

听力残疾二级(重度听力残疾),听力损失在81～90分贝之间;

听力残疾三级(中度听力残疾),听力损失在61～80分贝之间;

听力残疾四级(轻度听力残疾),听力损失在41～60分贝之间。

一般来说,听力损失程度越重,说明听觉系统的结构和功能的受损情况越厉害,仅依靠听觉参与社会交流活动受限程度也越重。但是在助听器和电子耳蜗的帮助下,很多聋童也能够学会辨识不同物体、活动发出的声音,以及不同人发出的语音。

聋童的视觉在他们的发展过程中发挥了重要的代偿功能,他们甚至通过"看"帮助自己学习学科知识、和同学交流。经过听力言语训练的聋童通常具有一些"读唇"技能,即看着说话人的口部肌肉和舌头形状、位置的变化,判断对方说了哪些字句。在课堂上,可以安排聋生坐在能清晰看见教师说话的位置;教师在讲解重要概念时,语速慢些、口型正确,尽量避免背对着聋生说话,或者一边讲一边走。

---

① 有关听力残疾、视力残疾、智力残疾、言语残疾的定义和分级标准,均引自由中华人民共和国国家质量监督检验检疫总局、中国国家标准化管理委员会拟定的《残疾人残疾分类和分级》(中华人民共和国国家标准2011年第2号公告,B/T26341-2010)

聋生的语言发展，尤其是口语发展，和普通学生很不相同。普通学生在入小学之前，基本熟练掌握了在"一对一"或"一对多"沟通情境下的听话技能，以及基本的口语发音技能和交流技能。但对聋生，即使是经过听力语言训练的聋生而言，这些都是需要学习的技能。聋生经过早期言语干预可以说话，但是有些聋童的发音和声调听起来有点"怪"，容易遭到同学的模仿、嘲笑。教师在班上除了引导普通学生不要嘲笑聋生外，还可以教导他们以礼貌的方式教聋生正确发音。

（二）视力残疾学生

视力残疾指的是"各种原因导致双眼视力低下并且不能矫正或双眼视野缩小，以致影响其日常生活和社会参与。视力残疾包括盲及低视力"。"视野"指的是人的头部保持不动，视线保持正前方平直方向且不移动情况下看见的空间范围，通常用度数来表示。和听力残疾一样，视力残疾分级时，如果双眼视力不同，以视力较好眼的矫正视力为准判定残疾程度，具体分级情况如下：

视力残疾一级（盲），无光感，视力在 0～0.02 之间，或视野半径＜5 度；

视力残疾二级（盲），视力在 0.02～0.05 之间，或视野半径＜10 度；

视力残疾三级（低视力），视力在 0.05～0.1 之间；

视力残疾四级（低视力），视力在 0.1～0.35 之间。

目前随班就读的视力残疾学生多为低视力学生，这些学生保留一定的残余视力,能够利用大字课本或助视器参与普通课堂的学习。他们对光线的需要各不相同,有的人需要比较强烈的光线,有的人则害怕强烈的光线,因此,根据他们对视觉条件的需求,对教室环境进行调整很有必要。

即使有残余视力,听觉和触觉仍然是视力残疾儿童认识世界的主要渠道。但这两种感觉与视觉相比,在认识活动方面存在较明显的不足。视觉可以通过"一目了然"的方式快速认识事物,听觉和触觉只能以较慢的方式,逐步获得对事物某个局部的认知;视觉可以帮助人们在不碰触的情况下认识山川、大海、飞鸟、海鱼等概念,区分不可触摸的、无音无色的事物(比如颜色),辨识空间方位等概念,而通过触觉和听觉掌握这些概念有相当难度。因此,视力残疾儿童在理解事物的本质以及事物之间的关系时,容易出现以偏概全的现象,这也给他们的学习带来挑战。

(三) 智力残疾学生

智力残疾指的是"智力显著低于一般人水平,并伴有适应行为的障碍。此类残疾是由于神经系统结构、功能障碍,使个体活动和参与受到限制,需要环境提供全面、广泛、有限和间歇的支持。智力残疾包括在智力发育期间(18岁之前),由于各种有害因素导致的精神发育不全或智力迟滞;或者智力发育成熟以后,由于各种有害因素导致智力损害或智力明显衰退"。

在这个定义中,有几个地方要解释一下。首先是"智力显著低于一般人水平"。目前我们国家测试智力通常采用韦氏智力量表测试，所得分数称为智商。一般人的智商是 100 分左右，高于 130 分的人可以看成是智力超常的人，低于 70 分的人，其智商就成为"智力残疾"的判断标准之一。"社会适应能力"是一个人表现出与自己的年龄和所处环境相适应的行为、技能的统称，包括学习各种社会知识、掌握社交技巧、恰当处理人际关系、自己照顾自己、使用日常工具等。要判断一个人是否有智力残疾，不仅要看他的智商，还要看他的适应能力。有些孩子可能缺乏早期教育，入学后智商不高、学习不好，但是他们能很好地适应学校生活，能够恰当处理人际关系，解决实际问题，那这样的孩子就不属于智力残疾学生的范围。

在《残疾人残疾分类和分级》中，智力残疾等级根据不同年龄段，按照发育商、智商或适应行为分数分级。在中小学阶段，最常见的是根据韦氏智力商数和适应行为得分进行分级。

第一级（极重度）：智商 25 分以下，同时具有极重度的社会适应障碍，不能与人交流、不能自理、不能参与任何活动、身体移动能力很差；需要环境提供全面的支持，全部生活由他人照料。

第二级（重度）：智商在 25～40 分之间，同时具有重度社会适应障碍，与人交往能力差、生活方面很难达到自理、运动能力发展较差；需要环境提供广泛的支持，大部分生活由他人照料。

第三级（中度）：智商在 40～55 分之间，同时具有中度社会适应障碍，能以简单的方式与人交流、生活能部分自理、能做简单的家务劳动、能参与一些简单的社会活动；需要环境提供有限的支持，部分生活由他人照料。

第四级（轻度）：智商在 55～69 分之间，同时具有轻度社会适应障碍，能生活自理、能承担一般的家务劳动或工作、对周围环境有较好的辨别能力、能与人交流和交往、能比较正常地参与社会活动；需要环境提供间歇的支持，一般情况下生活不需要由他人照料。

目前随班就读的智力残疾儿童多为轻度和中度残疾的儿童。这些智力残疾学生的各种感觉比普通人迟钝。如视觉方面，他们难以分辨物体形状、颜色、大小的细微差别；听觉方面，他们对语音的识别比较困难；皮肤感觉方面，他们对温度、疼痛的感受力较普通人差一些，触觉也不够灵敏。智力残疾儿童在学习新概念的时候，学习速度慢且遗忘快，需要经常练习和复习。他们的注意力维持时间短，上课容易走神；他们也很难做到"一心二用"，同时让他们完成两项或以上的学习任务，对他们而言有很大难度。

（四）言语残疾学生

言语残疾指的是"各种原因导致的不同程度的言语障碍，经治疗一年以上不愈或病程超过两年，而不能或难以进行正常的言语交流活动，以致影响其日常生活和社会参与。包括：失语、运动性构音障碍、器质性构音障碍、发声障碍、儿童言语发育迟滞、听力障碍所致的言语障碍、口吃等"。"言语"通俗地说，是我们说出来的话，是用声音表达的语言。3 岁以下的孩子一般不做言语残疾的鉴定，因为孩子早期的言语发展变化很大，3 岁以后的言语发展才相对稳定。

根据脑和/或发音器官的结构和功能、言语清晰度、言语表达能力,以及参与社会生活方面存在的障碍程度,可以将言语残疾从极重度到轻度分成四个等级,第一级的残疾程度最重,第四级最轻。

相对而言,口吃是最容易引起人们关注的一类言语残疾,口吃的学生比较容易遭受同学模仿、嘲笑。有些口吃学生因此不说话、不与人交流,自卑自弃;也有些学生会因此和同学发生肢体冲突。其他类的言语残疾,一般来说不容易引起人们过分关注。

除了一些因发育迟缓造成的言语残疾外,其他类型的言语残疾学生的感知觉、智力、思维等方面发展基本和普通学生一样。目前我国随班就读残疾学生中,很少见到被鉴定为言语残疾类的学生,但这并不等于普通学校里的言语残疾学生少。它可能从侧面反映出我们对言语残疾学生关注不够,对他们的学业、学校适应、心理状态情况了解不足。

(五)脑瘫学生

脑瘫学生在随班就读学校是比较常见的一类特殊学生。脑瘫,也称为"脑性瘫痪",在我国归属于肢体残疾。脑瘫指"自受孕期开始至婴儿期非进行性脑损伤和发育缺陷所导致的综合征,主要表现为运动障碍及姿势异常"[1]。

按照运动和姿势的特征,脑瘫儿童可以分成五类。第一类是痉挛型脑瘫儿童,这些儿童肌肉特别僵硬,上肢蜷曲,双腿交叉,形

---

[1] 脑瘫的定义归纳自:朴永馨.特殊教育辞典(第 3 版)[M].北京:华夏出版社,2014:425—426.

成"剪刀"姿势，走路时用脚尖走。痉挛型脑瘫儿童占脑瘫儿童的60%~70%，是最常见的，而且很多在刚出生或出生不久时就会被发现。第二类是手足徐动型儿童，他们的手、脚、面部肌肉似乎不受控制，总在颤抖；他们的动作不稳定，走路时摇摇晃晃，手向后背；总体来说，上肢损伤程度比下肢更严重，这类孩子大约占脑瘫儿童的20%。第三类是软瘫型儿童，这些孩子的身体和手脚特别软，而且动得少，所以显得非常安静；如果把他们的头歪向一边，他们也不会像普通孩子那样很快把头转到身体正面。这些孩子到了两三岁时，会转为痉挛型或手足徐动型脑瘫儿童。第四类是共济失调型儿童，这些孩子的身体和手脚也特别软，平衡能力差，走路时摇晃；手和头部经常颤动，如果仔细观察他们的眼睛，会发现他们的眼球也会轻微震颤；这些孩子，经常在出生半岁后才逐渐显露特征。第五类是混合型儿童，也就是同时具有上述两种残疾类型以上的儿童。此外，脑瘫还可以按瘫痪部位和瘫痪的程度进行分类，在此不一一做介绍。

少部分脑瘫学生智力正常，大部分脑瘫学生伴有智力残疾。很多脑瘫学生有近视、弱视、远视等问题，很多还有斜视、眼球震颤的现象，这些会导致他们通过视觉学习新事物有难度。很多脑瘫学生有听力损伤的问题，他们能听得见有些频率的声音，有些频率的声音则听不见，有些学生则完全听不见。很多脑瘫学生的本体觉（即对自己身体位置的感觉）发展不良，这造成他们容易摔倒、碰伤。大部分脑瘫学生都有不同程度的言语障碍，比如发音不清、说话不流畅，甚至无法说话的现象。脑瘫学生中出现癫痫的概率比较高，这是教师要特别关注的一点，因为癫痫频繁发作不仅影响脑瘫学生的发展，对其生命安全也造成威胁。

> 【提要】
> 　　本节介绍了学生的不同表现特点，并不是为了让教师给学生贴上"标签"，判定这名学生有孤独症、那名学生有学习障碍等。对这些学生进行诊断，需要专业人士用精准的评估工具，进行细致的评量。本节的目的不是给教师提供一个"臆断"学生类别的资料，而是为了让教师从更多的角度理解学生问题行为背后的原因。本节亦不希望教师因为学生有这些问题而臆测学生的发展极限，对于教师而言，创造适合学生的、富有营养的教育环境，让学生能够最大限度地突破不利于自身发展的限制，才是教育者智慧和尊严的体现。

第二章 相助——融合教育的发展

融合教育的基本原则是平等、公平，不管学生的背景、民族、地位、身体条件如何，他们都应在普通学校接受教育。融合教育的核心理念是让所有儿童进入普通学校接受教育。

【本章重点】
1. 国际融合教育的发展对我国有什么影响？
2. 我国融合教育的发展历经了什么样的过程？
3. 相比台湾、香港，内地的融合教育有什么样的特色？

第一节 国际融合教育

【案例：金金的转学之路】

金金是一个5岁的女孩，不太善于交际，话不多，喜欢按照自己的时间表和安排做事，不喜欢别人打乱她的安排或顺序。她的爸爸妈妈是外贸工作者，小时候她就经常跟着爸爸妈妈走南闯北,她曾经在香港上过两年幼儿园,近来由于爸爸妈妈工作的原因,她要回北京上学了。她的爸爸妈妈非常担心,一是不太了解目前北京在这方面的政策;二是担心金金在幼儿园受到排挤和歧视;三是担心金金不能适应新的环境。她的爸爸妈妈迫切需要一些途径或资源能解决他们心中所忧之事。

一、国际融合教育的发展

特殊教育在其有限的历史进程中,经历了从"隔离"到"正常化"再到"回归"的过程。在这一漫长的过程中,人类对残疾的理解与认识程度经历了从杀戮到遗弃、忽视、怜悯与过度保护,进而到逐步接纳,再到最大限度地融合进主流社会的发展过程。这一过程也反映了人类在认识、完善与发展自身的历程中的曲曲折折[1]。在古希腊与罗马时期,人们对残疾人持遗弃、绝育、杀戮的态度。在西方中世纪时期,一方面,在基督教宣扬的仁慈、博爱精神的影响下,许多残疾人士得到人道主义的收容与关怀;另一方面,残疾人又被视为"魔鬼缠身""上帝的惩罚"。在文艺复兴、工业革命以及法国启蒙运动等影响下,自由、平等、博爱的资产阶级价值观在欧洲得以确立,针对残疾人的系统的学校教育得以产生。20世纪五六十年代之前的特殊教育法律基本上都是针对隔离式的特殊教

---

[1] 周甲禄,邓猛,袁朝.中国残疾儿童教育纪实[M].武汉:湖北少年儿童出版社,1997: 6.

育,强调教育的普及性、获得教育的机会而非教育的平等。20世纪五六十年代之后,由美国黑人发起的反种族歧视、隔离的民权运动遍及全美,民权运动者所要求的黑人在政治、教育及社会生活上的平等权利,鼓舞了其他少数民族和残疾人士争取平等的决心,特殊教育也开始走向融合①。在这一阶段,许多与残疾人相关的法庭裁决与辩论以及专业人士与家长组织等民间团体主导的倡议运动对特殊教育的发展产生了深远影响。随着民权运动的发展,包括美国、英国等在内的许多国家以及联合国教科文组织都给予融合教育更高程度的关注,更多的融合教育政策得以通过并对残疾人的生活、教育与康复,以及全球特殊教育产生了重要影响。

二、相关的条约与宣言

联合国教科文组织对融合教育的发展一直起着引导作用。从1948年的《人权宣言》到2000年的《全民教育行动框架》,无论是在普通教育领域还是在特殊教育领域,联合国教科文组织都走在前列。1948年颁布的《人权宣言》第26条规定:"每个人都有享受教育的权利。"而且在初级教育(小学)阶段应接受强制性的、免费的教育。1935年通过的《儿童权利公约》第7条规定:"儿童有权接受免费、强制性的教育。"第5条具体规定了残疾儿童有权受到适合其残疾条件的特别待遇、教育与照顾。1975年颁布的《残疾人权利

---

① Winzer, M.A. *The history of special education: From isolation to integration*[M]. Washington, D.C.: Gallaudet University Press, 1993: 370.

宣言》的第 6 条规定："教育、训练、康复以及其他服务作为残疾人的权利，能够促进他们潜能与技能的发展，并促进他们'社会融合或再融合'。"1990 年的世界全民教育大会提出了全面教育的目标，指出："对所有儿童、青年和成年人进行普及教育，提供均等的机会，如确保女童和妇女以及其他未受教育群体拥有接受基础教育的机会。"由于残疾人、少数民族、贫困儿童、妇女和女童处于被边缘化、排斥或歧视的艰难处境，为他们提供平等的教育机会与适合他们特点的教育对于实现全面教育的目标具有非常重要的意义。

1994 年，联合国教科文组织在萨拉曼卡召开了世界特殊需要教育大会，并发表了《萨拉曼卡宣言》，首次明确提出了融合教育（Inclusive Education）的思想。其核心思想是让所有儿童都得到教育，让所有儿童都得到适合他的教育，使每个儿童都得到最佳成长机遇和对社会生活的最佳适应。

《萨拉曼卡宣言》提出了五个重点内容，它们成为当代世界融合教育发展的奠基性理论：(1) 每个儿童都有受教育的基本权利，必须获得并保持可达到的、可接受的教育水平之机会。(2) 每个儿童都有其独有的特性、兴趣、能力和学习需要。(3) 教育制度的设计和教育计划的实施应该考虑到这些特性和需要的广泛差异。(4) 有特殊需要的儿童必须有机会进入普通学校，而这些学校应以一种能满足其特殊需要的儿童中心教育学思想接纳他们。(5) 以融合性为导向的普通学校是反对歧视态度、受人欢迎的社区，是建立融合性社会以及实现全民教育的最有效途径。此外，普通学校应向绝大多数儿童提供一种有效的教育，提高整个教育系统的效率并最终提高其成本效益。

2000年，第五届国际特殊教育大会在英国曼彻斯特召开，主题为"融合教育"。大会呼吁各国积极进行融合教育改革，要求学校采取融合教育模式，为实现特殊需要儿童的平等教育权利而努力。这次大会主要围绕与融合教育相关的政策、认识、功能、实践、价值等五个亟待解决的问题展开讨论，得出以下基本观点：（1）融合教育是面向全体学生的，包括残疾学生，无论是谁，都有权接受教育。因此，"零拒绝"是其基本原则；接纳所有学生，反对歧视，减少排斥，促进积极参与与合作，是其基本要义和操作策略；维护教育公平是价值取向。（2）融合教育又是以人为本、照顾差异的。因此，教育制度的设计和教育计划的实施要考虑儿童特性和需要的广泛差异，学校必须以一种儿童中心的教育学观点接纳和满足有特殊需要的儿童的不同需求，以促进他们的多样化发展。（3）融合教育势必要求建立一种融合的教育体系，即三位一体趋势。特殊教育和普通教育一体化；学校教育、家庭教育与社区教育一体化；医疗养护、教育训练、劳动就业一体化。因此，融合教育是教育制度的根本改革和重构。（4）融合教育要通过教育的无歧视和融合，创造欢迎残疾人的社区、建立融合的社会，并实现全民教育的目的。

联合国教科文组织的相关条约与宣言所反映的价值观与规定为全世界的融合教育相关立法提供了法理依据和动力，推动了残疾人融入主流学校、社会的进程。

第二节 各国融合教育的发展

一、美国融合教育的发展

美国从 20 世纪 50 年代掀起了反对种族隔离与歧视的民权运动，布朗案①等开启了特殊教育领域的受教育权运动。根据判决，公立学校所实行的种族隔离教育是不平等的，是违反美国《宪法》第 14 条修正案的。该判决后，平等机会的概念被广泛用于残疾儿童身上②。1973 年，美国通过了《康复法》，其主要宗旨是为残疾人进行设施改造以便为残疾人提供与普通人平等的服务，从而促进残疾人参与和融入正常的社会生活，任何得到联邦资金支持的机构都不能歧视残疾人。1975 年，福特总统签署的《所有残疾儿童法》，即 94-142 公法规定了免费的、适当的、公立的教育，最少受限制环境原则，"零拒绝"、无歧视评估与鉴定等基本原则，这些原则都体现着融合教育的思想，对其实践产生了巨大影响。其中，最少受限制环

---

① 奥利弗·布朗等诉托皮卡教育局等案（1954），简称"布朗案"，琳达·布朗是一位住在堪萨斯州托皮卡的学生，她和她的姐姐泰瑞·琳每天都要沿着石岛铁路调车厂走一英里的路程到公共汽车站，然后搭车到距离家里有五英里之远的黑人学校蒙罗小学。琳达·布朗尝试去离她家较近的萨姆纳小学上学（该学校离家里只有几个街区的距离），却遭到托皮卡教育局的拒绝，理由是萨姆纳小学是一个只招收白人小孩子的学校。以学生琳达·布朗父亲奥利弗·布朗作为第一原告对托皮卡教育局提起集体诉讼，要求校区停止种族隔离政策，主张种族隔离的学校已经侵害了琳达·布朗依据宪法第 14 条修正案所保障的同等保护权。随后，美国政府出台了一系列的有补偿教育政策性质的措施。此案对美国的教育平等起到了极大的促进作用。

② 肖非. 美国特殊教育立法的发展——历史的视角 [J]. 中国特殊教育，2004(3): 91-94.

境和"零拒绝"原则最能体现融合教育的理念。

最少受限制环境指的是尽可能地为残疾儿童在公立或私立机构、其他看护机构，提供合适的、与非残疾儿童一起受教育的机会。只有在提供了足够的帮助和服务的前提下，由于残疾的特质和严重程度使得儿童仍然无法在普通班级获得满意的教育时，将其转移到特殊班级、隔离式学校或进行其他的安置才是合法的。最少受限制环境不仅仅是一种安置形式，更是一种教育起点。安置只是形式，更重要的是为学生提供适合的教育。"零拒绝"原则即所有残疾儿童都不应该被公立教育排除，无论残疾程度和残疾类别如何，学校必须对所有残疾儿童进行教育。在1989年提姆西诉罗切特学区委员会一案中，法院判决："无论残疾儿童能从教育中受益多少，也不管残疾的性质和严重程度如何，公立学校都必须为所有残疾儿童提供教育[1]。"

能够对融合教育产生重要影响的另一个法案是2002年的《不让一个孩子掉队》（No Child Left Behind Act of 2001），该法案要求3~8年级的所有学生都要进行阅读和数学的年度测试，每个学校和各类别的儿童都必须达到其所在州确定的通过率，且这一通过率将逐年提高，以达到2014年以前，让所有儿童精通全部科目，并且由具备资格认证、有较高业务水平的教师教授各门课程的目标。所有3~8年级残疾儿童必须参加所在州的标准化评估，而这些评估可以依据

---

[1] ［美］William L. Heward. 特殊需要儿童教育导论[M]. 肖非译. 北京：中国轻工业出版社，2007：27.

学生的残疾情况进行符合州规定的调整或者在 IEP 中制定替代性的目标和评估。

二、英国融合教育的发展

英国在 1944 年的《教育法》中明确规定了所有儿童的教育应建立在他们的年龄、天资和能力基础之上，并由此划分了 11 类残疾。20 世纪 60 年代后在"一体化"和"去机构化运动"的影响下，英国在 1978 年发布了《沃诺克报告》，对特殊教育的范围、鉴定和评估制度，普通学校中的特殊教育，特殊学校中的特殊教育，5 岁以下儿童的特殊教育和转衔制度等内容都进行了详细说明。此报告首次明确提出了"特殊教育需要"的概念，认为在学龄阶段具有相较于同龄儿童来说非常显著的困难，或者具有阻碍他们像普通儿童一样学习的残疾因素，而需要特殊教育的儿童，即称为"特殊需要儿童"。

在《沃诺克报告》发布后，1993 年《教育法》和 1994 年的《特殊教育需要鉴定与评估实施细则》对融合教育的发展产生了重要影响。1993 年《教育法》明确规定地方教育当局要在主流教育的环境中对特殊需要儿童提供与非特殊需要儿童相同的教育机会。《特殊教育需要鉴定与评估实施细则》将鉴定和评估的阶段分为五个：（1）普通班教师界定学生特殊教育需求，并且在与校内特教协调员咨询后采取行动。（2）特教协调员负责与班级老师合作管理学生的特殊教育需求。（3）由校外的专家来支援普通班教师和特教协调员。

(4)由地方教育当局考量进行法定评估的必要性,如果需要,则进行跨学科的专业评估。(5)由地方教育当局考量书面说明的必要性,如果需要,就要拟定书面说明,并安排、监督、检视所提供的服务。

1997年《特殊教育绿皮书》重申了政府的政策是提高所有学生的教育标准,包括特殊需要学生。其核心目标是为特殊需要学生提供平等的教育机会和卓越的特殊教育服务,其内容倾向于将在普通学校就读当作融合教育的核心内容,忽略了在特殊学校就读的学生如果得到恰当的教育也可以实现社会生活中的融合。2002年《特殊教育需要鉴定与评估实施细则》重新修订,其目标是让特殊需要学生的潜能得到最大的发挥,最大限度地融入学校生活中,成功地实现到成人的过渡。

三、日本融合教育的发展

日本融合教育的发展是由特殊教育发展而来,带有典型的日本特征。融合教育在日本的特有形式被称为"特殊需要教育",有时候也称为"特殊支持教育"。从2000年左右,日本"特殊教育"开始向"特殊需要教育"转变,但是直到2007年的《学校教育法修正案》才正式完成法律名称上的转变。日本提倡融合教育源于教育者逐渐认识到隔离教育很难给残疾儿童提供在与年长或同龄儿童的交往中习得语言或基本生活习惯的机会。在这种情况下,实施融合教育能够让残疾儿童通过与其他儿童的广泛交流使他们自身的生活经验得到扩展，并提升家长在教育方面的经验。

日本的融合教育被称为"通级"，在1993年文部省颁布的有关通级的文件中规定了通级指导的对象为言语障碍、类似于孤独症的情绪障碍、弱视、重听、肢体残疾和病弱等六类轻度身心障碍儿童。对于弱智儿童是否放入普通班级则认为要十分谨慎，一般以安置在特殊班级为主。而学习困难儿童，应视其程度分别放入普通班级、通级指导、特殊班级和养护学校中。

日本的融合教育主要有三种模式。（1）巡回教师模式。类似于美国的咨询模式，由一个巡回指导教师负责一个地区的通级指导[1]工作，并向第一线的普通教育教师和特殊教育教师提供专门的教材、教具[2]以及教学策略，但并不直接面对特殊儿童。这种教育形式是从1993年《学校教育法实施规则》的规定开始施行的。（2）资源教室模式。即特殊儿童的大部分课程与普通儿童一起学习，再根据每个学生的特殊需要每周接受1至3课时的特别指导[3]。（3）助教模式。即各学校除了教师外要配备专门的教员或职员，必要时这种个别指导由特殊教育教师来担任。

在融合教育的改革方向上，从2002年开始中央政府给予地方政府灵活决定如何安排残疾儿童的权利。2005年，日本政府通过了加强普通学校支持系统的方案。2007年，日本政府通过修订《学校教

---

[1] 普通班级中轻度残疾儿童接受特别指导的形式称为"通级指导"。
[2] 杨民. 当代日本的特殊教育及其对我们的启示 [J]. 中国特殊教育，2000(4): 30.
[3] [日] 藤本文朗，小川克正. 障害儿教育学的现状. 课题. 将来 [M]. 培风馆，1999: 46—57.

育法》来阐明促进普通学校里的特殊需要教育：第一，从法律上阐明普通学校里的特殊需要教育；第二，法律鼓励把残疾儿童整合到普通学校系统的努力；第三，迫使特殊需要教育学校为本地区的普通学校提供建议及合作。2007年开始，地方教育委员会必须从法律上征求父母对安置孩子的意见并实行了支持助手制度，通过增加地方税收的分配额度来支援这种制度。

四、韩国融合教育的发展

融合教育在韩国被称为统合教育。2011年7月，韩国最新修订的《障碍人特殊教育法》中把融合教育描述为：特殊教育对象不是依据障碍类型与程度接受差别教育，而是在普通学校内和同龄人一起接受满足个人教育要求的适切教育[1]。韩国融合教育对象的障碍类型不仅包括传统的视力障碍、听力障碍、智力障碍与肢体障碍，还包括情绪行为障碍、孤独症谱系障碍、沟通障碍、学习障碍以及健康障碍和发展迟滞等。

韩国的融合教育始于1971年，最初在韩国大邱市的普通学校中设立特殊班级，共接纳30名智力障碍儿童接受教育。1973年9月，由韩国特殊教育研究协会（韩国特殊教育总联合会的前身）主管，文教部和庆尚北道特殊教育委员会共同承办了第一届特殊班级设置和运营研讨会。1977年，韩国制定了《特殊教育振兴法》，该法律

---

[1] 王波.韩国融合教育的发展、实施策略以及面临问题[J].中国特殊教育，2012(04)：8—12.

为融合教育的发展提供了坚实的法律根据。其中对于融合教育做出了部分说明。在这部法律中，特殊教育的概念扩大了，最初在特殊教育中教育者大部分采用手势语言和身体辅具来进行教育、矫正或训练，如今扩展到了针对残疾儿童特点所进行的普通教育、治疗教育和职业教育。特殊教育方法的含义也变得多样化，包括分离式教育、融合教育、个别化教育，以及强调分离式教育和部分时间融合教育相结合的生计教育，等等。这样，韩国的特殊教育就和普通教育进行了部分或全部的融合。同时，受欧美融合教育思潮的影响，20世纪80年代后，特殊班级数量激增。1981年，韩国小学中设置的特殊班级有411个，到1985年，小学和初中设置的特殊班级达到1601个（学生22534名）。20世纪90年代以后，特殊班级学生和普通班级学生一起接受融合教育的时间延长，更具积极意义的融合教育开始受到重视。特别是90年代，许多普通小学同时附设幼儿园，并在幼儿园中开办特殊班级，这使得幼儿融合教育得以较快发展。1990年，韩国特殊班级的数量有3181个；1995年，特殊班级达到3440个（小学2777个，初中633个）；到2004年，特殊班级数量则增加到4319个；其中幼儿园附设的特殊班级有99个。2005年至2009年5年间，特殊班级数量以每年大约500个班级的速度持续递增，2010年更是在2009年的基础上增加868个。

目前，韩国已经形成了相对成熟的融合教育安置模式，其主导模式是中重度障碍儿童安置到特殊学校、轻度障碍儿童安置在特殊班级的二元安置模式。在实践中，对特殊学生进行安置时，首先考虑的是所有特殊教育对象能否在普通班级进行安置，先前"特殊学校→特殊班级→普通班级"的安置体系逐渐被"普通班级→特殊班级→特殊学校"的安置体系所代替。依据《障碍人特殊教育法》，特殊班级是指为了对特殊教育对象实施融合教育，而在普通学校设置的班级。考虑到特殊需要学生的能力差异，特殊班级有全日制、部分时间制、特别指导和巡回教育等运营模式，其中，以部分融合（partial inclusion）形式出现的部分时间制特殊班级（part-time special class）最常见。也就是说，特殊需要学生在普通班级中遇到有些科目无法胜任时，就需要到特殊班级，在老师的个别化指导下完成，如果特殊需要学生在普通班级中能胜任所学科目和课程，则留在普通班级进行学习[1]。

重视特殊教育立法，以法律法规为依据对融合教育实施科学管理，是韩国融合教育得以健康快速发展的重要原因。《障碍人特殊教育法》对普通学校的特殊班级设置标准进行了严格界定：（1）幼儿园中，特殊教育对象为1人以上4人以下，需要设置一个特殊班级，超过4人则应设置两个以上的特殊班级；（2）小学和初级中学里，特殊教育对象为1人以上6人以下，需要设置一个特殊班级，超过6人则要设置两个以上的特殊班级；（3）高级中学里，特殊教育对象1人以上7人以下，需设置一个特殊班级，超过7人则要设置两个以上的特殊班级。另外，韩国法律重视对融合教育的经费保障，2011年，包括融合教育预算在内的年度特殊教育财政预算为19662

---

[1] 黄丽娇，张宁生.韩国特殊教育发展经纬[J].现代特殊教育，2000(03): 28.

亿韩元，在 2010 年的基础上增加了近 3000 亿韩元。

五、新加坡融合教育的发展

新加坡政府在本国特殊教育迈向融合教育的发展过程中起到了关键作用，在现实中取得了良好的效果。新加坡政府专门制定相关政策，给予有特殊需要的学生以按人头计算的补助费、教师贷款、房屋和公共设施等方面的特殊帮助，以保证这些学生也能获得公平的发展机会。对于那些情况良好的特殊需要学生，新加坡同时坚持贯彻融合教育的宗旨，认为只要有可能，所有儿童应该在一起学习（即随班就读），这样做有利于为特殊需要学生将来顺利融入社会提供准备，而促进全体公民的融合和参与正是新加坡社会政策一贯坚持的努力方向。

1988 年，新加坡残疾人咨询委员会的《为残疾人提供机会》报告指出，无论何时何地，特殊教育应该被纳入普通教育体制之中。特殊儿童只有在普通学校中难以教育成功的情况下才到特殊学校就读。报告还建议，融合教育要确保残疾儿童接受最合适的教育[1]。由于新加坡还没有对于特殊教育及其相关服务进行立法，特殊教育与普通教育的融合还沿着"分离—半整合—完全融合"的路线在前进。特殊儿童接受何种教育还依赖于特殊儿童自身的能力和需要。普通学校中一般容纳轻度障碍儿童和残疾儿童，如学习困难、情绪、行

---

[1] 王淑芹. 走向全纳教育——新加坡特殊需要教育发展概览 [J]. 山东教育学报，2004(01): 13.

为等方面残疾儿童。20世纪90年代以后，残疾儿童随班就读问题逐步取得进展。例如，1996年20所中小学开始安装斜道、电梯和抽水马桶等设备，为残疾儿童提供特殊服务。一些学校也对学习困难儿童进行预测。另外，新加坡执行的"学习支持协调者计划"主要是为小学阶段的学习困难的学生提供服务。新加坡颁布《为残疾人提供机会》（1998年）报告不久，就开始急迫地实施"婴幼儿早期干预计划"，并且专门为2岁到5岁儿童实施"融合支持援助计划"（Project Assisted Integrated Support）。

新加坡融合教育计划中有两个计划十分引人注目。一项计划为"主流教育中孩子的治疗与教育援助"（Therapy and Education Assistance for Children in Mainstream Education），主要解决残疾学生普通教育中的教育问题。另一项计划为"孤独症儿童融合计划"（"Reach Me"），由新加坡孤独症协会管理。上述两项计划由志愿性服务协会管理执行。到目前为止，这些计划仅局限于智力较高的残疾儿童，如生理残疾和感官残疾儿童，那些重度残疾儿童还没有机会在普通学校就读。

总体来说，新加坡虽然倡导融合教育将特殊儿童的教育置于普通学校之中，但是普通学校教师还是倾向于将一些轻度特殊儿童送交特殊学校。由于缺乏特殊教育立法，关于特殊儿童受教育的归属问题一直争论不休。

第三节　我国融合教育的发展

一、大陆地区融合教育的发展

我国的融合教育是我国政府和基础教育工作者，特别是特殊教育工作者参照国际上其他国家融合教育的做法，结合我国特殊教育的实际情况进行的一种教育创新。特殊教育专家朴永馨先生指出，随班就读与西方的一体化、回归主流在形式上有某些共同之处，但在出发点、指导思想、实施办法等方面有中国的特色。

随班就读是中国政府在解决残疾儿童入学问题时采取的一种教育政策。从政府推广该政策，到普通学校逐渐自觉接纳残疾学生，并为其提供良好的教育和服务，经历了长时间的研究和摸索。

自20世纪80年代，我国某些农村开始招收能够跟班学习的残疾儿童在本村普通小学随班就读的实验。1987年国家教委在《全日制弱智学校（班）教学计划》（征求意见稿）中提出让大多数轻度智力障碍儿童在普通学校随班就读，这也是"随班就读"一词首次在国家文件中出现。

1988年，第一次全国特殊教育工作会议上，国家将残疾儿童随班就读正式作为发展特殊教育的一项政策。1989年，国家教委托北京、河北、江苏、黑龙江、山西、山东、辽宁、浙江等省市，分别进行视力残疾和智力残疾儿童、少年的随班就读实验。当时实验的主要目的是探索农村地区推行随班就读的可行措施，解决广大偏远地区残疾儿童的受教育问题。实验内容包括三个方面，即随班就读的对象、随班就读的师资和随班就读的教育教学安排。关于随班就读的对象，实验希望解决的问题有：何种残疾程度的视力残疾儿童、智力残疾儿童适合随班就读？如何评估随班就读对象的残疾程度？如何组织残疾儿童入学？关于随班就读的师资，实验希望解决的问题有：如何做好教师的思想工作？如何组织必要的业务培训和指导？政府需要帮助学校解决哪些具体困难？关于随班就读的教育教学安排，实验希望解决的问题有：在教学内容、教学要求、教学方法、教学评估等方面如何安排才能既照顾残疾学生特点又不影响整体教学质量和正常教学？1992年国家教委又委托北京、江苏、黑龙江和湖北等省市进行听力语言残疾儿童少年的随班就读实验，通过实验单位的努力，随班就读工作取得了很大的成功。

经过十多年的残疾儿童随班就读实验研究，我国的随班就读工作收获了许多的成果。在随班就读的对象上，实验明确了视力残疾（包括盲和低视力）、听力语言残疾（包括聋和重听）、智力残疾（轻度，有条件的学校可以包括中度）等类别的残疾儿童、少年可以作为随班就读的教育对象，并确定了一套行之有效的检测和鉴定方法。在入学方面，实验探索出了就近入学和相对集中就读的模式。在教学要求方面，实验明确了随班就读的教学目的、教学原则、课堂教学模式、教材处理、考核评估等方面的具体做法。除此之外，实验还在随班就读的师资培训、家长工作、教育管理等方面进行了一些有益的探索。

1994年，国家教育委员会为贯彻执行《中华人民共和国义务教育法》和《中华人民共和国残疾人保障法》，颁发了《关于残疾儿童少年随班就读工作的试行办法》，并提出，残疾儿童少年随班就读是发展和普及我国残疾儿童少年义务教育的一个主要办学形式。我国政府对随班就读的有关问题通过法律法规的方式进行了规定：普通小学、初级中等学校，必须招收能适应其学习生活的残疾儿童、少年入学；普通高级中等学校、中等专业学校、技工学校和高等院校，必须招收符合国家规定的录取标准的残疾考生入学，不得因其残疾而拒绝招收等。经过对盲、聋、智力障碍学生随班就读的试点和相关研究，我国已经探索出了适合国情的发展随班就读的途径。

1998年，我国盲、聋、弱智儿童入学率由6%提高至64.3%[①]，据此可推测特殊需要学生入学率为70%左右。据2003年统计，在普通学校随班就读和附设特教班就读的残疾儿童招生数和在校生数分别占特殊教育招生总数和在校生总数的63.64%和66.23%。2004年，在普通学校随班就读和附设特教班就读的残疾儿童招生数和在校生数分别占特殊教育招生总数和在校生总数的62.02%和65.35%。

"十一五"结束后，《中国残疾人事业"十一五"发展纲要（2006年—2010年）》中的各项任务指标全面完成，残疾人状况得到明显改善，政府和社会为残疾人服务的能力进一步提高。残疾人特殊教育学校达到1704所，在校残疾学生总数为42.6万人，残疾儿童少年义务教育入学水平明显提高。2009年《国务院办公厅转发教育部等部门关于进一步加快特殊教育事业发展意见的通知》（国办发

---

① 引自邓朴方在中国残疾人联合会第三次全国代表大会上做的报告。

〔2009〕41号）文件提出，建立完善从学前教育到高等教育的残疾人教育体系，健全特殊教育保障机制，将特殊教育纳入国家教育督导制度和政府教育评价体系，保障残疾人受教育的权利。

2014年国务院办公厅转发教育部等部门颁布的《特殊教育提升计划（2014—2016）》，计划提出了三年特殊教育发展的总目标，即全面推进融合教育，使每一个残疾孩子都能接受合适的教育。经过三年努力，我国已初步建立布局合理、学段衔接、普职融通、医教结合的特殊教育体系；办学条件和教育质量得到进一步提升；建立了财政为主、社会支持、全面覆盖、通畅便利的特殊教育服务保障机制；基本形成了政府主导、部门协同、各方参与的特殊教育工作格局。到2016年，全国基本普及残疾儿童少年义务教育，视力、听力、智力残疾儿童少年义务教育入学率达到90%以上，其他类型残疾人受教育机会明显增加。

2017年，国家修订了《残疾人教育条例》，根据教育的实施和教育事业的发展新形势、新需要，《残疾人教育条例》调整、更新了残疾人教育发展的理念，补充、完善了保障残疾人受教育权的制度，《残疾人教育条例》充分体现了融合教育的原则，规定了残疾人教育零拒绝、全覆盖的理念，规定了各级政府的职责，明确了父母的监护责任，强化了条件与经费保障，要求全社会共同关心残疾人教育，提供必要的特殊支持。

2017年，国家颁发了《特殊教育提升计划（2017—2020）》提出了四年的发展总目标："到2020年，各级各类特殊教育普及水平全面提高，残疾儿童少年义务教育入学率达到95%以上，非义务教育阶段特殊教育规模显著扩大。特殊教育学校、普通学校随班就读和送教上门的运行保障能力全面增强。教育质量全面提升，建立一支人数充足、结构合理、素质优良、富有爱心的特教教师队伍，特殊教育学校国家课程教材体系基本建成，普通学校随班就读质量整体提高。"明确三项具体任务，即完善特殊教育体系、增强特殊教育保障能力和提高教育质量。

在一系列的国家政策指导下，融合教育得到了稳步的发展，以特殊教育学校为骨干，以普通学校随班就读为主体，以送教上门等多种形式为补充的特殊教育办学格局基本形成，教育环境得到了改善，特殊教育教师的专业化发展得到了一定程度的提高，依据特殊教育的需要，各项保障措施逐步到位，注重技术和服务的支持，教育成果日益丰富，国际交流日趋广泛。

二、香港地区融合教育的发展

香港地区融合教育的发展可追溯到20世纪70年代。当时的教育政策旨在"协助有特殊教育需要的儿童融入主流学校，让他们能够与同龄儿童一起接受适当的教育"[1]。近年融合教育能在香港地区得以再生和稳定地发展，有赖于热心的专业人士、学者和政府官员的积极倡议和推动。1995年康复政策及服务白皮书《平等齐参与展

---

[1] 香港教育统筹局（2003）. 网址：http://www.emb.gov.hk/EDNEWHP/School/education_services/intedu/

能创新天》发表；1996年反歧视条例通过，并成立了平等机会委员会，落实相关条例；1997年《融合教育先导计划》出台，其中涉及9所主流学校和49名有特殊需要的学生。该计划鼓励学校"全校参与"，为学生提供支援。每所学校录取5~8名特殊需要学生，而他们最多被安置在两个班级，以易于学校照顾。计划中所指的特殊需要学生包括：轻度智力障碍、听力障碍、视力障碍、肢体伤残、智力水平正常的孤独症学生。为了保证先导计划的顺利实施与完善，在香港大学的研究顾问协助下，9所先导学校都各自就教学、学习、课程和朋辈支援等方面进行研究，以便加强学校对教学及学校组织的自我评估及完善。同时，学校委托香港教育学院对先导计划撰写报告，报告书就校长的领导能力、教师协作、评估方法的调节及家长参与等方面提出多项建议。基于报告书的建议，香港特别行政区政府决定继续在主流学校推广"全校参与"模式的融合教育，并根据学校已经录取的学生数目，为推行计划的学校提供额外的人力及津贴。此外，香港特别行政区教育统筹局的教育心理学家、督学、听力学家及学校发展主任等亦定期向学校提供专业支援及校本培训课程，并经常面向这些学校及其他主流学校举办各项有关知识、实际技巧和共融策略等的全港性研讨会、工作坊和经验交流会等。

1999年，香港地区课程发展议会下属的特殊教育协调委员会（后称特殊教育委员会）提出了《迈向21世纪香港特殊教育课程发展路向检讨》的决议，就当时的教育趋势，要求妥善照顾主流学校中智能、学业、体能及情绪方面受到不同限制的儿童的个别需要，并建议特殊教育课程发展应建立在主流课程上，以利于融合教育的实施。

2000 年的教育改革方案强调照顾特殊需要学生，并让他们有发展所长的机会。2000 年 9 月，共有 40 所学校推行《全校融合教育》计划。2001 年香港政府根据《残疾歧视条例》制定了《教育务实守则》，要求主流学校除非有无法克服的困难，应接受特殊需要学生入学。2003 年 4 月香港特别行政区政府出台了新资助模式，即按人数计算拨款，为 43 所中小学提供资助；2006 年 7 月学校开始增加师资；2009 年开始针对特殊学生的考试设置照顾性安排措施；2011 年香港特别行政区政府拨款资助外购服务，如言语治疗等[①]。

上述政策极大地推动了融合教育的发展，并要求学校尽量改善设施，改善课程设计、教学方法和评估方法，以满足学生的特殊需要。1997 年至今，香港地区采用"全校参与"融合教育模式的学校逐年增加。

"全校参与"的融合教育模式是学校在校长的领导下，订立融合教育政策，建立兼容的学习环境，推动教职员协力帮助特殊需要学生。其目标是：充分发展弱能学生的潜能；建立互相关怀的校园文化，加强学校员工、学生和家长接纳特殊需要学生；提升教职员支援特殊需要学生的能力；促进家长与教师合作[②]。"全校参与"模式的特色为全校共识、课程调适、教学调适、朋辈支援、教师协作、

---

① 卢乃桂. 融合教育在香港的持续发展——兼论特殊学校的角色转变 [J]. 中国特殊教育. 2004(11): 83—84.
② 雷江华, 连明刚. 香港"全校参与"的融合教育模式 [J]. 现代特殊教育，2006(12): 37—38.

课堂管理、评估调适。该模式提倡采用"三层支援模式",因学生不同的需要提供适切地支援①。

三、台湾地区融合教育的发展

我国台湾地区最早的特殊教育学校始于 1891 年英国牧师甘为霖在台南设立的训瞽堂(现台南启聪学校),1917 年日本军医木村谨于台北创建了盲哑教育所(现台北启明学校与台北启聪学校)。启聪、启明学校的建立奠定了台湾地区特教发展基础。1966 年台湾地区开始实施盲生就读小学阶段混合教育计划,为保障教育质量,在台南师专(现台南大学)设立了盲生混合教育师资培训班。1970 年,台湾地区颁布了《特殊教育推行办法》,这是该地区首次颁布的特教文件,对特教发展起到了很大的助推作用。更重要的是,1975 年台湾省立教育学院(现彰化师范大学)成立第一个特教系,为台湾地区融合教育的发展培养了大量师资。

1984 年,台湾地区颁布了有关特殊教育的相关文件,并顺应教育精致化的潮流,分别于 1997 年和 2009 年两次修订这个文件。后于 2013 年、2014 年又对 2009 年修订的部分条文进行了再次修订。值得注意的是,其修订重点始终是:明确并不断扩大特教服务对象、注重教育权利的公平与适宜性、明确和强化政府的主导责任、大力推进融合教育和个别化教育、保障家长及社会组织的立法执法参与

---

① 全校参与模式融合教育运作指南(第3版)[Z]. 香港特别行政区教育局,2014(8): 11.

权益[①]，以促进融合教育更高效地开展。2014年11月，台湾地区颁布了《十二年国民基本教育课程纲要总纲》，首次将特殊儿童的学习需求纳入普通教育课纲中，其"成就每一个孩子适性扬才、终身学习"的教育理念，与特殊教育的"零拒绝、因材施教"理念不谋而合。为促进融合教育背景下普教与特教课程接轨，2015年12月，台湾地区颁布了新修订的《高级中等以下学校特殊教育课程发展共同原则及课程大纲总纲》（简称《新课纲》），强调通过课程调整与教学创新，让每一位普通教育环境中的特殊儿童都能接受优质、适合的教育[②]，《新课纲》的颁布可以说是台湾地区融合教育发展与改革中的一个重要里程碑。

为保障融合教育的可持续及优质发展，台湾地区采取了多样化的保障性规定、措施及方法。在特殊教育制度方面：一是建立了以身心障碍者权益保障为基础，以特殊教育的相关规定为核心，以《特殊教育课程教材教法实施办法》《特殊教育设施及人员设置标准》《身心障碍及资赋优异学生鉴定标准》等为配套的特教制度体系[③]，对融合教育背景下特殊儿童的类别与定义、政府权责、特殊儿童的鉴定与辅导、特殊儿童的特别扶助与支持、师资培养、课程与教材开发等事宜做了明确而细致的规定，切实保障融合教育的顺利实施。

[①] 王瑜，李坤.中国台湾地区特殊教育立法经验对大陆特殊教育"法治化"的启示[J].中国特殊教育，2015(5): 9—13.

[②] 陈红，刘蕾，赵斌.台湾地区新修订特殊教育课程纲要的设计、实施及启示[J].现代特殊教育（高等教育研究），2017(11): 62—68.

[③] 吴武典.台湾特殊教育综论：二：现况分析与师资培育[J].特殊教育季刊，2014(130): 1—10.

二是台湾地区特教相关规定具备强制性，且有具体的法律责任如何落实及相应的惩罚措施作保障，大大提升了特殊儿童义务教育阶段的入学率。三是在特教相关文件中，对诸如特殊教育服务对象的种类、特殊儿童的鉴定和评价标准、特殊教育安置形式、特殊教育经费投入比例、相关服务的提供（如教育及交通补助、考试服务、辅助器材及相关支持服务等）、特殊教育课程与教学等做了详细规定，并且台湾地区也配套出台了相应的实施细则，使融合教育在相关规定的保障下得到了有条不紊地发展。

在特殊教育师资队伍培养方面，既满足了一线学校对多元化专业人才的需求，同时也兼顾了准特殊教育教师个人专长、兴趣的学习需求，为台湾地区融合教育的发展提供了专业支持保障。1995年至2003年，特殊教育教师的认定分身心障碍与资赋优异两类，各需修满40学分；2003年至2014年，特殊教育教师修足40学分后，需先实习半年，再参加教师资格认定考试，考试及格取得教师资格证后，再去应征教师职位；2014年至今，特殊教育教师资格认定仍维持40学分的标准，除一般教育专业课程（10学分）外，应修共同专业课程及分组（障碍与资优）必修课程各10学分，分组选修至少修10学分，如此严格的学分及实习要求，保障了准特殊教育教师的资质。

在多元化教育安置方面，台湾地区根据特殊儿童的身心发展特质及学习需求，采用以融合教育为主、其他形式并存的统合式教育安置形式。台湾地区在普通教育学校（简称"普校"）内成立资源班，障碍程度较重的特殊儿童可以部分时间到资源班接受资源教师的辅导训练和补救教学；部分障碍程度严重的特殊儿童可以就读于普校的自足式特殊班。此外，各县市还有一定数目的特殊学校作为补充，少数不能到学校学习的极重度障碍儿童还有"床边教师"巡回教学①，为不同障碍类型及程度的特殊儿童提供了发展的可能。此外，台湾地区极其重视无障碍环境的建设，具体包括外在的物理环境及内在的人文环境②。台湾地区于 2007 年修订《建筑技术规则》，其中规定了所有学校的教室、教学楼与相关教学场所，如室外通路、避难层坡道及扶手、避难层出入口、室内出入口、室内通路走廊、楼梯、升降设备、厕所、轮椅观众席位、停车空间等，须满足法规规划的无障碍环境要求③。

四、北京市融合教育的发展

北京市是全国最早开始随班就读实验工作的地区之一，其发展经历了五个阶段。

第一阶段：随班就读初始阶段（20 世纪 80 年代初）

20 世纪 80 年代初期，北京市出现一些招收智力残疾学生的普通学校，他们成立了专门的特殊教育班级，利用普通学校资源为残疾学生施教。1982 年，宣武区板章胡同小学分校开办了以智力残疾

---

① 兰岚，兰继军，吴永怡.台湾地区特殊教育及对大陆特殊教育发展的启示 [J]. 中国特殊教育，2008(12): 18—22.
② 吴武典.台湾特殊教育综论：三：挑战与展望 [J]. 特殊育季刊，2014(132): 1—8.
③ 邱敏绮，卢映仔，孙旻暐.台湾无障碍环境研究——以中山医学大学为例 [C]. Conference on Psychology and Social Harmony，2011: 79—82.

学生为主的特殊教育辅读班。1983年,朝阳区新源西里小学开始在普通学校内设立特殊教育班级,并发展至今,融合教育已成为该校独特的办学特色。

第二阶段:边实验边推广阶段(1988年—1992年)

1988年,房山县石楼乡首次尝试对两名双目失明的学生进行随班就读实验。1989年9月,智力残疾学生随班就读实验在宣武区老墙根第一小学、朝阳区北花园小学、昌平县沙河镇中心小学进行。1991年,海淀区探索视力残疾学生在中学阶段随班就读的方式。1990年国家教委开始确定在北京市开展聋童随班就读实验,并编写全国聋童随班就读教师指导手册,于1992年进行了残疾儿童随班就读的实验[1]。三类残疾儿童随班就读实验的全面开展,极大地推动了北京市随班就读工作。1991年,北京市教委在北京第一师范校址内成立北京市特殊教育师资培训中心,同年招收了全市第一批特殊教育专业师范生,开始普通师范院校培养特殊教育师资、特殊教育与随班就读教育教学策略、评价指标体系等研究。

第三阶段:规范管理与普及发展阶段(1995年—2007年)

为了推动随班就读工作的开展,北京市先后出台了一系列管理文件,明确思路、制定措施、提出要求,为随班就读工作规范管理提供保障。

1998年,北京市出台《关于进一步加强九年义务教育阶段残疾

---

[1] 刘艳虹,顾定倩,焦青.改革开放30年北京市特殊教育发展及现状研究[J].中国特殊教育,2008(10):42—49.

儿童少年随班就读工作的意见》。2005年8月，北京市《关于在全市各区县开展建立随班就读工作支持保障体系工作的通知》提出，随班就读工作要更加科学、规范，保障随班就读学生能够"留得住""学得好"；要求区县建立健全组织机构，纳入特殊教育规划；要求区县教委中小教科有专人主管该项工作，并配有特教教研员。与此同时，北京市还下发了《北京市对随班就读资源教室建设与管理的基本要求（试行）》，明确了资源教室功能、规模、人员、设备、评估及资源教室管理的基本要求等。

1997年，宣武区后孙公园小学建立特殊教育资源教室。2002年，北京市教委启动资源教室建设项目。2007年，北京市教委要求接收5名及以上随班就读学生的中小学校建立资源教室或区域资源中心，为随班就读学生得到有针对性的辅导和训练创设必要条件。为了确保资源教室质量，北京市定期对资源教室进行市级和区级验收检查，涌现出一批得到学生家长认可、社会声誉良好的资源教室。

第四阶段：形成主体与全面推进阶段（2008年—2012年）

2009年，国务院颁发的《关于贯彻落实第四次全国特殊教育工作会议精神、进一步加快首都特殊教育事业发展的意见》中明确规定："健全和完善以特殊教育学校为骨干，以随班就读为主体，以送教上门等多种形式为补充的特殊教育办学体系，将残疾儿童少年的义务教育切实纳入义务教育总体规划，并优先发展，重点支持。"该文件提出："为每个随班就读学生建立个别化档案，进行有针对性的个体培训和训练，以切实提高教育质量。"

北京市高度重视特殊教育工作，将原有的"北京市特殊教育师资培训中心"更名为"北京市特殊教育中心"，全面推进随班就读质量提升工程。中心紧紧抓住师资培训、随班就读教学研究、随班就读教育科研等提高质量的关键问题，建立培训体系，开展研究活动，尝试为随班就读学生制定与实施个别化教育方案。

2010 年，北京市形成"以特教学校为骨干，以随班就读为主体，以送教上门等多种形式为补充"的格局。至 2012 年，全市有随班就读学生的学校 1091 所，随班就读学生在校 5616 人，市教委办公室对招收视、听、言语、肢体、智力、精神和多重残疾的学生随班就读的标准给予明确的量化规定。

第五阶段：融合教育全面启动阶段（2013 年至今）

2013 年 4 月，《北京市中小学融合教育行动计划（2013 年—2016 年）》发布，明确提出"以融合教育为指导，以提高素质教育为目标，提高特殊教育的科学性、针对性和实效性"。明确推进融合教育、促进教育公平是政府的法定职责。特殊教育发展取得长足进步，全市残疾儿童少年义务教育入学率达 99% 以上，融合教育比例达到 70%，实现了零拒绝、全覆盖。四年间，构建了首都融合教育支持服务体系。取得如下成果：（1）教育机会和权利保障突破。每名残疾儿童、少年和普通儿童一样免试就近入学，档案建在学校和区级特殊教育（研究指导）中心，便于跟踪服务。（2）行政支持突破。建立市区融合教育联席会议制度，成立区残疾儿童少年入学咨询委员会，区级整体规划融合教育工作，校级将融合教育工作纳入整体工作计划。在生均经费上给予大力倾斜，学生享受"三免两补"政策。（3）专业支持突破。规范、示范性地建设各级特教专业中心，调配特教学校的专业资源为融合教育提供支持，定性定量地落实专业工作人员的工作任务和津贴补助等。

2018年4月，《北京市特殊教育提升计划（2017年—2020年）》正式发布，提出到2020年，努力使我市残疾儿童少年能够在公平、包容的环境中接受适宜的教育，优化特殊教育供给，提升特殊教育质量，构建终身教育体系的总目标。明确坚持融合发展的原则。坚持融合教育发展方向，加快发展非义务教育阶段的融合教育，优化资源配置，建立普教与特教责任共担、资源共享、工作共进的协同发展机制，使融合教育向纵深发展。

截至2019年7月，全市330余所中小学学校建设了资源教室；15个区建立了特殊教育（融合教育）中心；建立了市级听力障碍、视力障碍资源中心2个，孤独症教育康复训练基地10个，学区融合教育资源中心38个。

【提要】

学生的多样性是一种自然的常态，在同一所学校、同一个班级内有特殊需要学生甚至残疾学生与普通学生一起就读，将是一种常态，而这种常态更是社会的现实状态。教师要有恰当的态度和常识应对这种情况，这样才能为学生提供支持和帮助，才能满足学生的特殊需要，促进他们的健康成长。

第三章 相知——建设融合性学校

融合教育是当前国内外特殊教育发展的重要趋势。联合国教科文组织的《萨拉曼卡宣言》明确提出：普通学校"应以包容性为导向，反对歧视态度、创造受人欢迎的社区"（第2条）①。《残疾人教育条例》、教育部两期《特殊教育提升计划》及各地的《特殊教育提升计划》均对学校实施融合教育提出了明确的要求。你或许会问："接收特殊需要学生仅涉及个别的班级和部分的教师，为什么会成为评价学校工作的指标？"是的，特殊需要学生入学后，对学校带来的直接变化可能仅发生在个别班级，但是，融合教育工作并不仅仅局限于个别的班级或部分教师，它需要整个学校的改变，需要在全校范围内建立融合教育支持环境。每一所学校都需要成为融合性学校。

无论教育怎样改革，学校怎样建设，为每个学生提供高品质教育的服务宗旨恒久不变。建设人人参与、人人发展、共享快乐的校园是学校管理者和教师的理想与追求。这一章将带你走进融合性学校，了解融合性学校的内涵，学习如何建设和管理融合性学校。第

---

① UNESCO. The Salamanca Statement and Framework for Action on Special Education [EB/OL]. 1994 6 10/2020 0 3 10 http://unesdoc.unesco.org/images/0009/000984/098427eo.pdf

一节主要介绍什么是融合性学校，说明融合性学校的内涵、核心理念、成为融合性学校的好处，以及如何评价融合性学校建设的质量。第二节具体说明如何建设融合性学校，从制定学校发展规划、改进学校管理制度、创设无障碍环境、合理配置学校资源、调整课程和教学以及家校社协同等方面，详细介绍建设融合性学校的具体策略。

> 【本章重点】
>
> 1. 什么是融合性学校？融合性学校对普通学生，对特殊需要学生，对学校、教师分别有什么好处？
> 2. 如何把融合性学校建设融入学校整体工作，设计具体方案。
> 3. 为什么要建设融合性学校，建设融合性学校的最大挑战是什么？为什么？请读完本章后，再重新审视你的答案。

第一节　什么是融合性学校

【案例：人大附小创造适合儿童发展的教育环境】

1989年，任慧莹校长提出"创造适合儿童发展的教育环境"的办学指导思想。2004年郑瑞芳校长和她的团队对该思想做出了全面阐释。

"创造"是将创新精神作为学校发展的灵魂；"适合儿童"表明学校要以学生为主体，尊重学生，把学生的成长和发展作为办学核心目标,把儿童的世界还给儿童,使学校真正成为学生生活的场所。让我们的教育去适应儿童的发展,而不是让学生适应我们的教育。"发展"是立足于当下,着眼于未来,着眼于人才培养。"教育环境"不仅指外部环境,还包括教育者的理念、教育教学策略和对教育内涵的深刻理解。学校一校五址,五座彩虹校门矗立在蓝天下,格外美丽。彩虹门是附小的标志性建筑,也是附小人的精神归属。"赤橙黄绿青蓝紫"诠释了附小教师的育人理念,正如彩虹所呈现出的多样色彩,每一个儿童都是独特的个体,都有不同的色彩。特殊需要学生也是七彩中的一色,特殊教育也是七彩教育的一部分,教师要像喜爱彩虹一样去欣赏每一个学生,培养出一个个与众不同的阳光少年。

附小为每个学生提供适合其成长的环境,不放弃不抛弃每个学生,因为,每个学生都重要。孤独症、多动症、智力障碍等每一个特殊需要的学生都是生命的个体,都有享受教育的权利,为每一个学生的教育需求提供服务是尊重生命的体现,而尊重生命才是教育的真谛。附小为每个学生提供适合其成长与发展的七彩之路。

摘自:郑瑞芳. 人大附小的融合教育 [M]. 北京:中国人民大学出版社,2018年关于融合性学校的内涵，目前无论是研究界还有实践界均有很多争论。

如果普通学校接收了特殊需要学生，这样的学校是不是就算是融合性学校？

如果普通学校不仅接收了特殊需要学生，还让这些学生在普通班级中与其他学生一起上课，这样的学校是不是就算是融合性学校？

如果这些特殊需要学生不仅在普通班级中上课，还有机会在专门的资源教室上课、有专门的资源教师辅导，这样的学校是不是就算是融合性学校？

上述对融合性学校的不同理解，反映出了融合教育在实践中发展的不同阶段，从入学机会的融合、学习场地的融合，到学习支持系统的配备等，但这些理解均未能全面、系统地反映出融合性学校的深刻内涵。

一、融合性学校的内涵

人大附小的郑瑞芳校长解读学校理念时强调学校为每个学生提供适合其成长与发展的七彩之路，这正是融合性学校的内涵所在。融合教育的理念强调人所具有的受教育的基本权利，主张所有学生都应该有机会进入普通学校接受教育，普通学校也应该接纳所有的学生，要给特殊需要学生提供学习机会。"融合"的本意是包容，主要表达的意思是每个人都是集体的成员，人人都受欢迎，学校要接纳所有的人，不排斥任何人。融合性学校有以下两个主要内涵。

"包容" 意味着所有人的共融，而不仅仅是身在其中。学校要促进所有学生积极参与学校的学习活动和生活，促进集体合作与互相帮助。

"参与" 意味着基于对所有人主体意识和人性的尊重。英国融合教育研究中心认为，融合教育可以促进所有学生的学习和参与，减少学生被排斥的现象，具备"3R"因素，即承认（Recognition），关注到个体和群体的存在；尊重（Respect），对待所有人像对待自己一样，尊重每个人的权利、尊严和价值；责任（Responsibility），是尊重的拓展，重视所有人，对所有人都尽责任。

由此可见，融合性学校不是一种新型学校，而是满足学生的不同需求，尊重生命，尊重每个人的尊严和价值，尊重人和人之间的差异和多样性的每一所学校。融合性学校要持续地将这些标准变为现实，它不是短期的行为，也不是将特殊需要学生接收进学校就够了，而是要为所有学生提供高质量的教育，且要促进改变社会上的歧视和排斥现象，创造人人受欢迎的学校和社区。融合性学校本身并不是目的，而是实现目的的手段，即通过融合性学校发展融合教育，进而建构融合的社会。

二、融合性学校的核心理念

走融合教育之路是对所有学生都有益的办学方针。建设融合性学校，就是要让普通学校成为所有学生都能快乐学习的地方。融合性学校是一个具有整体性和系统化的理念。这样的学校需要兼顾学生之间的不同需要，通过教学、师资、课程等资源重组与社区合作，建立平等、合作的平台，使特殊教育与普通教育趋于融合，并为普通教育赋予崭新的内容。

（一）融合性学校关注每个成员

融合性学校并不是只针对特殊需要学生，而是针对学校中的所有人。如第一章所说，从社会学的视角来看，障碍并不应该被看作特殊，而应该被看作人所具有诸多特征中的某一个特征；障碍是普通和平常的，大家都不用觉得大惊小怪，更不用把特殊需要学生当作异类来看待；他们同其他社会成员一样，是人类的组成部分，是人存在的多样性和差异性的一种表现，是人类多元化的特征。

每个人在其一生中，都有出现特殊需要的可能，如因疾病、意外、衰老而遇到障碍的时候。特殊需要不是少数人的问题，而是所有人的生命经历之一。在这种思想下，我们需要更加关注人的个性与价值。融合性学校倡导抛弃"我们能够为他们（特殊需要学生）做什么"的传统思想，关注每个人的人格与尊严，让每个人获得"人之所以为人"的价值感。

在融合性学校中，每个人（校长、教师、家长、所有学生）都能够秉承以下的信念。

1. 所有人都是平等的

每个人都有独特的价值和能力,所有人都能为社会做出贡献。人与人之间的差异并不意味着人与人之间是不平等的。融合性学校的责任就是要给予每个学生平等的机会,让每个人都做出独特的贡献。

2. 所有人都是可以学习的

在融合性学校中,所有人都能学习,都能取得成功,且能学会成长,尽管这种学习和成功并不是以同一种方式获得、在同一时间完成或以同一标准衡量,教育所有学生是教师的共同责任。

3. 正视、善待所有人的差异

融合性学校的出发点和归宿是正视并善待人与人之间的差异。如第一章所说,差异不是缺陷,不是有待克服的障碍,而是实际存在的现象,正确的态度是承认它、接纳它、尊重它,并有效利用差异所带来的教育资源。每个学生都有自己的优势和需求。多样性让我们的生活更加丰富,特殊需要学生可以在一个关心型的集体中克服障碍。

(二) 融合性学校需要每个成员共同努力

融合性学校的建立不是学校中的某一个人或某几个人的事情,而是与学校中的所有人都相关的事。融合性学校强调的不是特殊需要学生改变自我去适应学校和社会,而是学校应通过全面的改革,主动适应每一个学生的需要,为包括特殊需要学生在内的每一名学生提供适切的教育服务。也就是说,并不只是将特殊需要学生安置在普通班就是实施了融合教育。成功的融合教育，是要让每一个学生在普通班中参与和进步。因此，融合性学校远远超出了特殊教育的范围，它不仅仅表现于对特殊需要学生提供特别的、特殊的服务，更应该建立一个完整的支持系统，同时需要整个学校以及学校中的各项制度和工作均做出相应的调整，比如，招生和学籍管理制度的调整，可能存在的歧视观念的调整，学校管理者、教师、家长和社区之间的合作，外部专业机构和专业人员的支持等。融合性学校建设与学校中的每个人都息息相关，它不仅是特殊需要学生所在班级的班主任、资源教师或学校校长等一个人或几个人的事情。对学生的服务和支持也不应仅局限在单一的环境（如普通班、资源教室、特教班等），学校需要实施系统变革举措，通过每个人的共同努力，确保每个学生的成功。

（三）融合性学校并不是简单的物理反应，而是化学反应

如前所述，融合性学校建设并不是单纯地将特殊需要学生放在普通班级中，它需要经过缜密的计划，配合足够的支持系统，整合各项资源，才有可能取得成功。

建设融合性学校，并非一个独立而独特的行动，也不是由特殊需要学生的进入而带来的简单的"物理反应"，而是需要学校做出整体的、全面的管理变革，从而发生具有融合因子生成的实质性的"化学反应"。融合性学校变革所带来的化学反应，使得融合性学校与传统学校具有本质的区别，下表列举一些示例来比较说明。

融合性学校建设与传统学校的一般做法的区别

	传统学校的一般做法	融合性学校的新增点
对学生的态度	• 教师对不同学生的责任不同（特殊需要学生会被称为"那些孩子"，仅由个别教师负责）。	• 所有教师对所有学生的责任是共享的（每一个学生都会被称为"我们的孩子"）。
学校管理制度	• 学校发展规划和相关制度并未考虑部分学生的需要。 • 学校教师不会将学生特殊需要的满足情况作为衡量自身工作绩效的重要目标。	• 学校发展规划和相关制度考虑全体学生的需要。 • 学校教师会将满足每一位学生的需求情况作为衡量自身工作绩效的重要目标。
课程、教学与学生评价	• 部分学生与其他学生分开学习。 • 部分学生不被允许参加课外活动。 • 教师通常习惯个人独自实施班级教学，更多地根据学生的普遍需求进行教学。 • 部分学生的考试成绩不会影响问责和决策制定。 • 侧重于在班级层面进行行为管理。	• 绝大多数情况下，每个学生都会与其他学生一起学习。 • 绝大多数情况下，每个学生都可以参加课外活动。 • 教师经常采取团队合作的方法，保障每个学生的需求得到满足并获得适当帮助。 • 每个学生的考试成绩都会影响问责和决策制定。 • 在学校层面进行行为管理。
教师专业发展	• 专业发展活动的目的、内容和方式多为让教师掌握解决整体教学的策略，对个别特殊需要学生的教学研究少。 • 多数情况下，不同教师彼此孤立地工作。	• 专业发展活动的目的、内容、方式多是让教师提升技能，以便更好地让普通学生与特殊需要学生在普通班级中共同学习。 • 教师之间经常开展跨学科、跨领域的合作。

续表

	传统学校的一般做法	融合性学校的新增点
特殊教育专业教师	特殊教育专业教师被视为是次要的，仅为个别学生提供特殊服务。	特殊教育专业教师是学校共同体中的重要一员。
资源配备与使用	特殊教育资源（如辅具、教具）仅在资源教室等特定场合中使用。资源教师独立工作为主，与其他教师分享专业知识的机会少。	特殊教育资源（如辅具、教具）和无障碍环境在学校中随处可见、随处可用。学校教职工彼此合作，相互共享知识和资源。
家校合作	仅有部分家长的参与。教师面对所有家长采取一样的家校合作方法。	所有家长都能够积极参与学校教育。教师面对不同家长采取多种家校合作与沟通方法。
社区参与	学校中的大多数教师没有意愿接触残疾人相关机构。	学校中的所有教师齐心协力，采用多种方式与学校所在社区、残疾人相关机构建立联系，共谋发展。

三、融合性学校的优势

（一）融合性学校对特殊需要学生的好处

融合性学校对特殊需要学生成长的好处显而易见。在普通班中，特殊需要学生从小就能够建立起归属感、接纳感，使自己成为一个有信心、有能力融合到社会之中，自食其力，为社会做出贡献的人。很多生动的实例和研究都表明，融合性学校环境能够提高特殊需要学生的学习成绩，包括提高标准化测验分数、阅读表现、个别化教育计划目标的掌握程度、学习任务完成情况、学习动机等[1]。很多研究也表明[2]，特殊需要学生在融合性学校环境下，与他人的互动更加频繁，接受的社会支持水平显著增加，与他们的普通同学建立更持久和深厚的友谊。融合教育环境可以让特殊需要学生有机会学习用大众可接受的方式表达自己的想法，并将这样的技能应用到学校及学校以外的场景。

（二）融合性学校对普通学生的好处

国际上已有大量的研究[3]结果表明，融合性课堂的安置方式并没有对普通学生的学习表现和学业成就测试分数造成干扰。研究结果还指出，普通学生对融合教育有着更加正面的看法，相信融合教育对自己会有积极作用。具体表现在：更加接纳、理解和包容个体差异，更好地认识和理解他人的需求，更多地与特殊需要学生做朋友，更好地与他们身边的残障人士相处等。

---

[1] Spencer J.Salend, Laurel M. Garrick Duhaney.The Impact of Inclusion on Students With and Without Disabilities and Their Educators[J]. *Remedial and Special Education*, 1999, 20(2):114-126; Banerji, M. and Dailey, R.A. A Study of the Effects of an Inclusion Model on Students with Specific Learning Disabilities [J]. *Journal of Learning Disabilities*, 1995, 28, 511-531.

[2] Spencer J. Salend. Strategies and Resources to Evaluate the Impact of Inclusion Programs on Student [J]. *Intervention in School and Clinic*, 2000, 35(5):264-289.

[3] Spencer J.Salend, Laurel M. Garrick Duhaney. The Impact of Inclusion on Students With and Without Disabilities and Their Educators[J]. *Remedial and Special Education*, 1999, 20(2):114-126.

在融合性学校环境中，普通学生能够更有包容心，能容忍及接受别人和自己的不同，也能接纳自己的短处。普通学生在融合环境中，从小就可以形成一种乐于助人的友善态度，更有爱心，会主动帮助和保护特殊需要学生，会换位思考，更富有同理心。他们还会在与特殊需要学生相处过程中，学会尊重、欣赏同学的优点，这些对建立健全自身的人格都会起到至关重要的作用。

（三）融合性学校对教师的好处

研究显示，教师对融合教育有着不同的态度和复杂的反应[1]，如许多教师认为融合教育并不是孤独症学生教育安置的最佳选择，而有特教经验的教师则对融合教育持更加积极的态度[2]。这样的不同反应主要受到多个因素的影响，如学生的障碍特征、融合教育带来的额外的工作压力、教师掌握的专业知识和能力、可获得的专业服务和支持、行政支持等。

尽管存在上述的复杂态度，但是实际上，融合教育对教师是有着诸多积极影响的。在融合性学校中，教师的角色和分工被重新定义，教师不再孤立地工作，所有教师共同协作，以满足所有学生的需求。通过实施融合教育，教师能够更好地满足所有学生的需求，更强地意识到教师作为学生楷模的效果，对自己的教育教学能力更加自

---

[1] Spencer J.Salend, Laurel M. Garrick Duhaney. The Impact of Inclusion on Students With and Without Disabilities and Their Educators[J]. *Remedial and Special Education*, 1999,20(2):114-126.
[2] 关文军，颜廷睿，邓猛. 随班就读学校教师对孤独症儿童教育安置的态度研究 [J]. 残疾人研究，2017(4): 85—90.

信,也乐于有所改变。

(四)融合性学校对学生家长的好处

对特殊需要学生的家长来说,融合教育会让这些家长感受到自己的孩子与其他孩子的距离不远,会更加有动力参与子女的教育,并通过有效教育充分发挥这些孩子的潜能,不再将其视为社会的负担①。对普通学生的家庭来说,当家长感到融合教育对孩子的有益影响后,就会肯定学校的多元教育,赞同自己的孩子与特殊需要学生一起学习。

四、融合性学校建设的质量评价

为加快推进北京市融合教育向高质量发展,规范中小学融合教育管理与服务,保障特殊需要学生接受高质量教育的权利,北京市特殊教育研究指导中心组织制定了北京市《中小学融合教育发展指标框架》,旨在促进中小学融合教育工作与各项常规工作相结合并提高融合教育的质量。

《中小学融合教育发展指标框架》全面说明了融合性学校建设的内涵特征,既是融合性学校建设质量的外部评价标准,也是学校自主开展融合性学校建设的自查自评对照工具,更是融合性学校建设的行动指南。

《中小学融合教育发展指标框架》由 4 个类别、8 个领域和 51

---

① Palmer D S, Fuller K, Arora T, Nelson M. Taking sides: Parents' views on inclusion for their children with severe disabilities[J]. *Exceptional Children*, 2001(67): 467-484.

项内容指标构成。4个类别及其下设的8个领域分别是：行政支持（提升融合教育领导力、形成制度与固定措施），融合环境创设（促进师生接纳与关怀、创设物理环境），教育教学与课程调整（调整课程与教学、增加特别支持），教师发展与对外合作（发展相关教师，发展外部合作），各个领域下的具体内容指标详见下表。

北京市中小学融合教育发展指标框架

类别	领域	内容指标
行政支持	提升融合教育领导力	1. 学校领导层认同融合教育理念，主动学习相关的法规及政策，积极落实国家和市政府、市教委相关要求，带领全校师生、家长形成发展融合教育的共识。
		2. 学校领导层能把融合教育的推进和落实列入学校整体规划。
		3. 学校每学期都有推进融合教育的具体工作计划，并加以执行，就完成情况开展监测与评价。
		4. 学校领导层带领教师将融合教育落实融入各项常态工作，促进融合教育与常态工作互相支持。
		5. 校长是学校实施融合教育的总负责人，并责成专人领导分管融合教育，形成学校齐抓共管与专人领导实施相结合的局面。
	形成制度与固定措施	6. 学校有负责融合教育的专、兼职资源教师，有具体工作岗位，明确规范岗位职责，并保障资源教师的工作时间。
		7. 学校建立制度保障用于融合教育的经费及其他资源落实到位、管理规范、使用合理。
		8. 学校为特殊需要学生建立个案管理体系和个案管理流程，并定期总结评估落实个别化教育计划、调整课程与教学等工作的经验成果。

续表

类别	领域	内容指标
行政支持	形成制度与固定措施	9. 学校有针对特殊需要学生的应急与安全机制。
		10. 学校根据需要，定期或连续性地采取一些有意义的措施，如组织融合教育实施推进会议或活动，以推动融合教育的争议处理或推动特殊需要学生的问题解决。
		11. 特殊需要学生入学后被安置在合适的班级，安置时充分考虑教室位置、教师经验、班级氛围、学生自身障碍类型以及需要的支持程度等因素。
		12. 学校确保同一班级内特殊需要学生总数符合相关政策文件要求，并通过多种方式降低特殊需要学生所在班级学生和教师的生师比。
融合环境创设	促进师生接纳与关怀	13. 新生入学及学期开学时段，学校和教师关爱并主动了解每位学生，为接纳特殊需要学生做准备；采取具体、有针对性的措施帮助特殊需要学生适应学校与班级。
		14. 学校和教师努力营造平等、尊重、友善的良好校风和班风，并采取具体措施，尽最大可能减少特殊需要学生被欺凌、歧视、孤立的情况。
		15. 学校和教师尽力为特殊需要学生公平参与学校和班级学习、活动创造机会，并在设计各类学习和活动时充分考虑参与者的多元性和差异性。
		16. 教师能看到特殊需要学生的特长和优点，对其始终保持积极合理的期待，鼓励其克服困难、主动参与各项学习和活动。
		17. 教师能从个体、同伴、家庭等多个角度分析特殊需要学生出现的消极问题，及时有效解决问题，并给予其积极行为支持。

续表

类别	领域	内容指标
融合环境创设	促进师生接纳与关怀	18. 教师尊重特殊需要学生的人格，言语和行为上不歧视、不讽刺、不挖苦、不体罚或变相体罚。
		19. 教师维护特殊需要学生的合法权益，理解、尊重其合理的自我决定和选择。
		20. 教师能够与特殊需要学生建立良好的师生关系，并用多种方式帮助其发展良好的同伴关系。
		21. 班级中，普通同学能主动帮助特殊需要学生，并愿意与其进行合作学习及互动游戏。
		22. 教师与班上普通同学的家长沟通，提高普通同学家长对特殊需要学生的接纳程度和关爱程度。
		23. 特殊需要学生遇到困难时能够主动寻求教师与同学的帮助。
		24. 特殊需要学生在班级中有自己的好朋友。
	创设物理环境	25. 学校尽可能地为特殊需要学生提供个别辅导和康复训练的专用场地，如资源教室、功能教室等。
		26. 学校按照相关规定以及特殊需要学生的实际需要，开展校园无障碍环境改造，并有推进改造的明确时间进程。
		27. 学校根据提升教师融合教育能力的需要和特殊需要学生的需要，提供与特殊教育和融合教育相关的设施设备和图书资料等。
		28. 校园和班级中的学习空间与活动空间布置、学习座位安排等方面要能够促进特殊需要学生学习及人际交往。

续表

类别	领域	内容指标
教育教学与课程调整	调整教学与课程	29. 教师在设计教学时采用通用设计教学，面向全体学生的学习需要，充分考虑到特殊需要学生的差异性。
		30. 教师在教学中为特殊需要学生制订明确的发展目标和具体的学习任务指标，发展目标和学习任务指标要具有较强的操作性并便于评估监控。
		31. 教师在教学中遵循缺陷补偿和潜能开发的原则，注重提高特殊需要学生的生活自理、人际交往、适应与融入社会、劳动等能力的培养。
		32. 课程与教学调整应根据特殊需要学生的实际能力和需求进行，包括但不限于调整教学目标与内容、改善教学方法及策略、提供相关的支持服务、提供多元评价方式等。
		33. 教师在教学中采取多种方式，为特殊需要学生提供有效参与课堂学习和师生互动的机会。
		34. 教师在教学中采用多种评价方式，多视角、全过程评价学生，让包括特殊需要学生在内的所有学生都有展现优势的机会。
	增加特别支持	35. 学校独立开展或寻求其他专业机构支持，运用专业的指标和工具，定期对特殊需要学生的基本能力现状进行科学评估。
		36. 学校有效组织各学科教师、资源教师、家长等相关人士，为特殊需要学生制订规范的个别化教育计划。
		37. 个别化教育计划落实到学校对特殊需要学生的常态教学、安全、卫生、体育、健康等各项教育工作中，并至少每学期更新一次。

续表

类别	领域	内容指标
教育教学与课程调整	增加特别支持	38. 学校根据特殊需要学生的需求，为其学习提供必要的、有针对性的教具，并提供信息协助其获得所需要的个人辅具。
		39. 教师在教学中充分考虑特殊需要学生的特点与需求，安排多样化的材料支持，如提供课前预习单、课程学习单、课后作业单等。
		40. 在教育教学活动中，学校和教师为特殊需要学生配备合适的助学伙伴，并根据需要安排各类辅助支持人员。
		41. 在重要考试中，学校为特殊需要学生提供合理便利服务。
教师发展与对外合作	发展相关教师	42. 学校提供稳定的经费支持，持续提升融合教育师资队伍专业性，保证融合教育师资的稳定性和衔接性。
		43. 学校组织培训、研讨、会议等活动或借助各种外部渠道，帮助教师解决在特殊需要学生评估、个别化教育计划、教育教学、辅具使用过程中遇到的难点与困惑。
		44. 学校采取一定的措施激励学科教师与资源教师在教学、德育、安全及教师科研等各方面开展合作并分享成果。
		45. 学校重视教师心理健康维护，采取多种方式，尽力提供融合教育教师需要的情感和心理支持。
		46. 学校合理评价融合教育教学和管理的工作量，并在教师继续教育、优秀评选、绩效考核、待遇分配等方面予以体现，以激励参与融合教育的教师。
	发展外部合作	47. 学校和教师采取一定的措施，鼓励特殊需要学生的家长参与家校合作，并尽力向家庭提供相关信息，帮助家长有针对性地开展家庭教育。

续表

类别	领域	内容指标
教师发展与对外合作	发展外部合作	48. 教师创造平等的家长交流渠道，促进良好的班级家长氛围的形成，保障特殊需要学生的家长获得应有的权利。
		49. 学校能整合外部资源、开辟途径，通过政府购买服务、争取社区支持、招募志愿者等方式，为特殊需要学生的教育教学提供支持和服务。
		50. 学校在融合教育质量提升和融合教育教师专业发展方面争取专业机构和专业人士的支持，如学校在特殊需要学生转学、升学、问题行为矫正方面与特教中心展开合作。
		51. 学校增强宣传意识，拓宽宣传渠道，为发展融合教育创造良好的舆论环境，形成全社会关心、重视和支持融合教育的良好氛围。

【提要】

　　融合性学校并不是新型学校，而是在普通学校原有基础上的提升和完善，突出学校的服务功能，强调学校为所有学生和教师的成长提供平等的参与机会，并促进每一个人的实际获得。它不是短期的行为，也不是将特殊需要学生接收进学校就够了，而是要为所有学生提供高质量的教育，且要促进改变社会上对残障人士的歧视和排斥现象，创造人人受欢迎的学校和社区。融合性学校本身并不是目的，而是实现目的的手段，即通过融合性学校发展融合教育，进而建构融合的社会。

> 融合性学校对特殊需要学生和普通学生的成长均有许多好处。融合性学校环境既能够提高特殊需要学生的学业表现和社会交往能力,更能够促进普通学生的包容心、同理心、乐于助人的友善态度以及积极的亲社会行为等个人社会性发展所需的重要技能的形成。
>
> 融合性学校质量评价体系从行政支持、融合环境创设、教育教学与课程调整、教师发展与对外合作四方面对融合性学校进行了详细的描述,提供了融合性学校建设的途径和依据。结合制定融合性学校质量评价体系与执行学校发展规划,有利于促进教育公平,提高教育质量;有利于立德树人,促进学生的全面发展;有利于建设和谐、充满活力的校园;有利于落实义务教育学校管理标准。

第二节 如何建设融合性学校

【案例:全员参与式融合教育】

北京市朝阳区实验小学新源里分校(原朝阳区新源西里小学)自1982年建校起就开设普通教育班级和特殊教育班级,是北京市唯一一所六年制普通小学和九年制特殊教育结合的融合教育学校。三十多年来,学校经历了"特教特办""普教出精品、特教出特色""普特共发展、融合成典范""从融合走向个性化支持"四个发展阶段。学校秉持"以人为本，用公平和优质的教育，为学生幸福人生奠基"的办学理念，构建普通教育班级、特殊教育班级、资源教室三位一体的个性化教育支持系统，并在此基础上建立了辐射全区孤独症学生的研究和服务基地，承担社会责任，推动区域融合教育的发展。学校为学生提供普通班级就读、特殊班级就读、资源教室按需支持，以及普通班级和特殊班级之间走班的教育形式。

学校实行普教、特教一元化管理。校长室下设的融合教育专职管理人员通过资源中心的形式推进融合性学校建设，形成一室一中心（校长室、资源中心）三处（德育处、特教处、普教处）的融合性学校管理模式。德育处围绕融合性学校文化开展学生教育工作、教育活动，组织教师和家长参与学校工作，指导班主任做好班级建设，提供文化导向。普教处围绕融合性课堂开展教学研究、学生学习相关研究、教师和家长培训等。特教处着眼于学生的现状与发展需要提出合理安置的建议并提供相应的支持保障。学校教师也打破普通教育和特殊教育边界，有的老师以普通班级教育教学为主，兼任特殊班级和资源教室教育教学工作；有的老师以特殊班级教育教学为主，兼任普通班级和资源教室教育教学工作；还有的老师主要承担资源教室工作，为其他教师提供融合教育专业服务工作。学校中的每个人承担着不同的工作，有着为所有学生成长提供支持的共识。

学校提出实现融合教育，首先要保证接纳，从接纳特殊学生、特殊需要学生到普通学生；参与融合教育工作的教师从特殊教育教师、普通教育教师到所有教师逐渐拓展；教育的关注点从满足学生的特殊需求到关注所有学生的实际获得，从特殊需要儿童及其家长到进入学校的每一个人。这样的融合教育文化建设与校本课程相结合，课程内容涉及伙伴关系、交往规则、学习能力提升等。学校建校三十余年也是融合性学校建设与发展的历程，学校从接收几个智力障碍学生到开设特殊教育班级，到建立资源教室让特殊教育班级学生以多种形式回归普通教育，再到关注普通班级中每位学生的特殊需要，提出了"为每一个孩子的幸福人生奠基，从融合走向个性化支持"的办学思路，融合教育指引了学校的发展。

普通学校开展融合教育，首先遇到的问题就是"谁来做"，然后是"如何做"，比如，学校管理工作如何做、教学工作如何做、家校合作如何做。这些问题涉及融合性学校中的管理系统、支持环境、教学与课程调整以及外部合作等多个方面的建设与发展。

当前，北京市有90%的中小学接纳了特殊需要学生入学，很多学校针对校情、学情的实际情况，进行了融合性学校建设的探索。从新源里分校的发展可见，学校围绕为每个学生提供公平优质的教育进行了顶层设计，融合教育理念不仅体现在为学生服务层面，也体现在学校管理层面，学校提供的教育服务凸显差异化、多样化，新源里分校就这样成为一所秉持融合教育理念的融合性学校。

一、制订融合性学校发展规划

（一）融合性学校发展规划的特征

融合性学校发展规划致力于带给学校中每一个人参与的机会和收获的喜悦。学校党支部、行政班子和各方代表应将包括特殊需要学生在内的所有学生和教师的发展放在学校发展的中心位置，形成不落下每一个人的意识，并将其体现和落实在学校发展规划中。

从北京市朝阳区实验小学新源里分校的融合性学校建设过程可以发现，融合性学校发展规划具有以下基本特征：

1. 融合性学校发展规划是一种整体的、学校管理理念的更新

新源里分校的四个发展阶段呈现了学校对特殊教育的认识过程，无论是对特殊教育特别关注，还是特殊教育和普通教育并行并重，或者为每一个学生提供有针对性的教育，都反映出学校从一所普通小学到融合性学校的发展路径。

从这一变革过程中可以看出，融合性学校发展规划反映的是一种整体的、学校管理理念的更新，它规定了学校正在执行的行动纲领和目标，统领和约定近几年及当下的学校发展举措。

2. 制订、实施融合性学校发展规划和评价学校管理成效要从师生视角、师生需要出发

新源里分校在规划的执行上设置了融合教育负责人，明确各部门的分工内容和协作方式，大部分教师都同时承担普通班级和特殊教育班级的教育教学工作。学校在工作岗位设置上与教师职业规划相结合，首先由教师提出自己的发展方向，然后通过同伴讨论、主管领导和专家建议的方式多角度客观分析，最后综合分析与调整，确定长期发展规划，制订短期目标和实施路径。学校参照教师发展规划调整工作岗位、提供培训机会、分阶段组织教师对照发展规划进行多角度评价和分析，积极培养有特殊教育相关专业知识的普教教师与了解普通学校教育教学的特殊教育教师，以及既了解普通教育又有特殊教育专业基础的资源教师。

学校教师培养工作建立在"为学生提供优质教育"的共识和"支持每位教师成为更好的自己"的原则基础上，反映出融合性学校促进每个人成长的特征，即关注学生，从每一个学生的需求出发，制订、实施和评价学校管理的方式和结果。

3. 注重调动学生和教师的主动性，注重家长和社区代表共同参与

新源里分校多年的实践证明，学校不仅要关注教师参与，还要让学生、家长和进入学校的每一个人都成为融合教育的实践者。学生、教师、家长和社区代表是学校的服务对象，也是学校的建设者。学校发展规划应以他们的需求出发，由学生、教师、家长和社区代表共同执行和实现。

融合性学校发展规划的制订和实施过程注重调动全体师生，尤其是学生的主动性，在这一过程中特殊需要学生和普通学生都具有平等的权利。融合性学校发展规划的制订不仅仅是形成文本，而是一个持续性的行动，是学校中的学生、教师、家长和社区代表共同参与的持续性的行动过程。

4. 关注教师教育教学的实效性和学生学习的有效性

新源里分校在教师管理和任用上打破了普通教育和特殊教育的边界，学校资源教室为教师提供相应的培训和研修活动，共同研究提升教育教学质量的策略和方法。

5. 强调为学生建设包容、安全、健康、有质量的校园环境

新源里分校的案例中可见，融合性学校在普通学校安全、健康的校园环境基础上，还需强调无障碍环境建设，包括设施设备的无障碍和人文环境的无障碍。（具体做法详见本节第三、四部分的内容）

（二）融合性学校发展规划制订程序

融合教育学校发展规划不是单独的发展规划，而是将融合教育的核心理念融入学校发展规划中。借鉴国外有关理论和实践经验，结合我国中小学校开展融合教育的工作实际，在制订融合性学校发展规划时学校需要按照以下程序。

第一步，广泛征求学校人员及学校所在社区的意见，特别关注特殊需要学生及其家长的声音。

第二步，确定参与制订规划的人员。这些参与人员不仅包括具有影响力的人群，如上级主管领导、社区成功人士、学校管理人员、优秀教师等，还需要包括特殊需要学生和家长代表、教师代表、普通学生和家长代表等，这是能够制订出被广泛认同的发展规划的基本要点。

第三步，通过共同参加的各种沟通活动，动员相关人员在制订规划过程中充分发挥主动性，鼓励所有人畅所欲言。

第四步，将通过调查、访谈等多种方式收集来的各方人士对学校发展提出的问题、意见和建议进行系统的分析和整理，分门别类地呈现给参与规划制订的每一个成员。

第五步，展望学校发展，描绘共同愿景。

第六步，学校对照《融合性学校建设标准》开展自评，确定发展的重点目标。

第七步，确定学校工作计划，预先安排学校工作的内容、规则、步骤、资源分配以及方式方法，说明学校各项工作所要达到的最终成果及其标准、工作步骤和日程，使每一个人明白学校发展规划对全校、所在部门及个人的期望是什么，撰写、讨论并形成融合性学校发展规划文本。

第八步，成立融合性学校建设推进委员会，负责发展规划的执行，并针对总目标及有关子目标进行总结、评价和完善。

（三）融合性学校发展规划的主要内容

融合性学校发展规划文本的基本结构，主要包括以下几个部分。

学校所处环境。充分了解学校所在社区或服务区域内的经济条件、自然条件、文化资源、人力资源，结合特殊需要学生的入学前登记制度，对学校所在社区内的特殊需要学生的分布与流动趋势做出说明。

学校概况。概括汇总各方人士对学校发展面临的优势、劣势、机会和挑战等方面的观点，尤其要突出来自学生、家长、普通教师的观点。

学校发展愿景。以融合性学校的基本理念为依据，描绘本校建设融合性学校的前景和面貌。这是一种憧憬、一种希望，而不是现实描述，不需要做具体的规定和设计。在文本中，需要以主要的利益相关者（教师、学生）的成长变化为衡量依据，描述对前景的预期，而不是一系列的活动和投入。

需要解决的问题。可以对照融合性学校质量评价标准，综合分析学校现状，找出差距，提炼出建设融合性学校的核心问题。结合融合性学校管理系统建设、融合性环境建设、教育教学与课程调整、教师发展与外部合作这四个方面分别列出需要解决的相关问题。

学校发展目标。学校发展目标就是谋求对建设融合性学校所存在的核心问题的有效解决，其设定原则有三：一是目标的设置应当基于产出；二是目标应当是可以观察和测量的变化；三是目标的指向人群应当是学生。

分阶段的活动与投入。这一部分主要是细节设计与安排，具体列明为完成学校发展各项目标，需要开展的主要活动、人员安排、时间安排以及需要的政策、经费、人员等投入保障。

二、建设融合性学校管理制度

为确保特殊需要学生顺利入学，并获得与普通学生一样的高质量教育，学校需要建立融合教育实施所需的各项管理制度。

（一）学校融合教育推行委员会制度

《北京市特殊教育提升计划（2017年—2020年）》提出，要在普通学校建立融合教育推行委员会制度。成立融合教育推行委员会，对融合教育的整体工作布局和具体实施提供行政与专业服务。

学校融合教育推行委员会的人员构成包括：校长、书记、教育教学管理人员、资源教师、特殊需要学生所在班级的教师代表、特殊需要学生家长代表和学校家长委员会成员。其中，校长负责融合教育实施的整体领导，资源教师在学校的直接领导下展开工作，学校教育教学管理中层干部（如：主管教学的副校长、教学主任或德育主任等）是领导小组的核心成员，配合资源教师做好具体工作。教师代表、特殊需要学生家长代表和家长委员会成员是推行委员会中的重要成员，负责重要决策的协商咨询和建言献策。

学校融合教育推行委员会的主要职责包括：制订学校融合教育的相关制度，为融合教育提供和组织各种资源和支持（如：融合教育硬件建设、无障碍物理环境建设、融合教育专业师资配备和教师专业培训、人文环境创设、家校合作的管理、学生的转衔安置等），专业服务工作的具体实施（如：教学评估、学生发展评估、IEP制订和实施情况评估等），协调学校融合教育推进工作中遇到的各种问题（如突发事件的处理等）。

(二) 特殊需要学生入学登记制度

学校在接收特殊需要学生入学，进行校内安置时，需要做好以下工作。

专人负责。即谁组织开展特殊需要学生的鉴定、评估以及安置工作。一般而言，此项工作主要由主管校长、资源教师等共同完成。

学校实施融合教育的条件。评估学校自身可接收特殊需要学生的人力资源、设施设备、特殊教育资源等。当学校还不具备接收某些障碍类型学生的条件时，就要依据已有条件及未来可能具备的条件（如可能增建的无障碍设施和资源教室、聘用或培养的相关专业人员等），明确实施融合教育的优势和局限性，确定引入外部资源支持的途径和方式。

特殊需要学生的校内安置步骤和办法。学校明确特殊需要学生进入学校所需的证明材料（如医院、残联等机构所开具的残疾证明、医学检验和评估证明等），并制订详细的入学登记步骤，即详细的评估、鉴定及安置程序。依据评估结果，明确学生的安置办法，选择班级、配备教师。

(三) 特殊需要学生个别化教育计划制度

个别化教育计划（IEP）是特殊需要学生教育教学的重要指南，描述了学生的教育需要，确定了学生要达到的教育目标，规划了学生的教育安置形式，明确了学生的教学进程和进步的评价标准。学校必须从制度上明确特殊需要学生个别化教育计划拟订的主要负责人、参与者及其各项指标。一般而言，该工作主要由资源教师或班主任主导，任课教师、家长共同参与。（关于 IEP 的制订过程和主要内容，详见本书第六章）

（四）特殊需要学生的发展评估制度

特殊需要学生的发展评估制度包括以下内容。

评估人员。明确特殊需要学生发展评估的主要负责人及评估小组的人员构成。一般而言，特殊需要学生的发展评估由学校融合教育管理层主要负责，其成员应包括学校行政人员、资源教师、班主任教师、家长，以及负责评估工作的教师。

评估内容。明确发展评估的主要内容和针对不同内容的各项指标。一般包括能力发展评估、学业发展评估、情绪行为问题评估以及个别化教育计划实施情况评估等。

评估方法。明确针对不同发展内容所选用的评估方法，比如，通过直接观察和记录学生在课程上的行为表现，监测学生在课程上的进步情况；通过一系列成熟的量表了解学生在家庭、学校中的行为表现；通过与教师和学生家长进行访谈，了解学生在家庭、学校等不同情境下的行为表现。（关于评估内容，详见本书第四章）

（五）特殊需要学生档案和学籍的管理制度

学校要为特殊需要学生建立专门的个人档案，并进行个别化管理。档案内容一般包括学生的基本情况（自然状况、障碍类别和程度、诊断时间、家庭情况、生活自理情况）和学习情况（每学期的学习情况，个别化教育计划的拟订与实施情况，跟随普通班级的学习活动情况、学习成绩，在资源教室的学习情况，接受个别辅导情况）。

（六）融合教育相关人员的绩效管理制度

建立长期有效的激励机制，可以调动教师积极性，保障学校融合教育工作的顺利推行。绩效管理制度包括以下内容。

工作量认定。根据实际情况，将相关特殊教育工作计入工作量，如教师参与个别化教育计划的拟订与实施、资源教师工作等。

奖惩措施。将融合教育工作量及完成情况纳入教师的职称评定、年终考核、评优评先中。提供展示平台，让教师在融合教育的过程中有更好的成就体验。

三、创建融合性学校文化

（一）融合性学校的文化特征

融合性学校致力于建设一个融合共同体。这个共同体不仅包括学校全体领导、教师、学生，还包括所有家长、相关专业人员、社区成员、教育行政部门的工作人员等。共同体成员一起努力，促进融合性学校的文化变革。

在融合性学校中，所有成员都能对融合教育达成共识，教师设法消除学生的所有障碍，学校尽力减少歧视和欺凌行为，学生之间相互帮助，教师之间相互合作，师生之间相互尊重，教师与领导之间默契配合，教师和家长之间相互合作，社区和各界都积极参与学校工作。

融合性学校的文化体现在平等、接纳、尊重、合作四个方面。

平等。融合性学校倡导的平等，有双重的内涵：一是承认每个人都具有同等的价值，学校欢迎每个人，每个人都是集体的一员；二是主张人人都有平等的受教育权，即不仅要有平等的入学机会，还要被平等地对待。融合教育追求的平等并不是一个绝对的平等，而是强调关注每个学生的发展。

接纳。融合性学校需要以开放的态度接纳每一位成员。平等是接纳的思想基础，接纳是尊重与合作的前提。这里的接纳，除了指学校和教师对学生的接纳之外，还包括学生对教师的接纳，学生对学生的接纳，家长与学生之间的接纳，教师与教师之间的接纳，学生的自我接纳等。

尊重。融合性学校倡导尊重学生的多样性。在多样性的群体中，每个人都悦纳并尊重他人，而不考虑彼此间的差异。学校需要积极看待学生的多样性，不能将个体差异视为需要解决的问题，而要将其视为丰富学习的机会。除了对特殊需要学生的尊重之外，融合性学校还倡导包括校长、教师、学生、家长、社区成员在内的每个人的相互尊重。

合作。融合性学校需要一种鼓励合作的文化，集体合作是融合性学校倡导的价值观之一。每个学生都可能遇到学习困难，这不仅是他个人的问题，也是班级的问题，因为他是班集体中的一员。融合性学校应培养学生的合作能力，让学生对自己和他人具有责任感，与不同兴趣、不同能力、不同个性的人共同合作。除了学生之间的合作，教师之间、教师与学生之间、教师与领导之间、教师与家长之间、家长与学生之间都需要建立更为密切的合作关系，充分发挥他们的能力。

（二）融合性学校文化创建的途径

学校文化和传统的变革不是一蹴而就的，也不是单靠一个人就能改变的。学校中的校长、教师、学生及家长是融合性学校建设过程中最基本的设计者和实施者。融合性学校文化的创建主要有如下途径。

转变学校领导者的领导方式。校长需要首先认同融合教育理念，明确其教育目标和具体的实施步骤、工作内容，并能全力支持和推行融合教育。校长对融合教育的深刻理解和支持，是保障融合教育顺利开展的关键因素。

积极宣传融合教育的理念和方法。培养教师和学生对自己和其他人的尊重。

校园环境展现融合。利用校园广播、网络、黑板报、教室环境布置等方式宣传融合，营造有助于同学之间互帮互助的氛围。

营造优良的校风、教风和学风。挖掘校本特色，弘扬有助于融合性学校建设的校风、教风和学风。

培养学生尊重自己、尊重他人的良好人格。开展各种形式的体验活动，让每一个学生都能在学校里感受到自己的特征，感受到老师和同学的尊重。

培育平等互爱的师生、生生关系。如开展迎新生活动，进行"认识你"的主题活动，增进学生之间、师生之间的理解。

开展丰富多彩的人文活动，增进学生之间、师生之间、家长之间的理解。如利用六一儿童节、家长开放日等特殊日子，组织开展融合教育相关主题活动，促进学校和家长、家长和家长之间的沟通。

防止对特殊需要学生的过度照顾。避免强化其自身的特殊化意识，应当鼓励他们尽量和普通学生一样去生活和学习，强化"我能行"的意识，给予每一个学生无差别的积极心理暗示。

【案例：可儿的故事】

今年9岁的可儿，是武侯科技园小学里就读的特殊需要学生之一。因中度脑瘫造成二级肢体残疾，可儿此前在武侯区特殊教育学校学习。2014年9月，经过评估，可儿可以适应普校生活，从武侯特殊教育学校转至武侯科技园小学就读。

为了可儿能成功转学，武侯资源中心准备了可儿的基本情况、训练计划书等资料，并在开学第一周跟班指导。科技园小学选了热爱融合教育的爱心教师作为可儿的班主任，并且该班语文、数学、英语三科老师都是参加了融合教育培训的骨干教师。班主任提前告知班上学生可儿的特殊需求，在班中营造了尊重、接纳、帮助、快乐的氛围。资源教师根据资源中心的计划书，每周给可儿提供两次训练机会（学业补救、肌肉训练）。外公在学校陪读，主要负责可儿的课间活动安全，每日的走、爬、蹲等身体平衡训练，以及周末在机构进行的康复训练。为了方便可儿和其他特殊需要学生的日常需要，学校设置了电梯和无障碍卫生间。

可儿的加入，让班级的气氛更加融洽、朋辈关系更加平等、学习方法更加多样。在可儿周围聚集了很多关心、帮助她的同学，可儿也让同学们看到了不同的人生。

11月30日是武侯科技园小学游园会活动日，可儿除了跟小组成员一起拍照，还参加了投球游戏，并开心地拿到奖券去兑换奖品。萱萱是可儿班级的少先大队委员，在学校里常常帮助可儿。她说："可儿遇到困难的时候会哭，我们要安慰她。可儿很单纯。有时候，我们遇到问题也会想如果是可儿，她会怎么想。她是我们的阳光。"老师问萱萱："你觉得可儿长大以后会怎么样？"她想了想说："我妈妈说过，她小的时候也会取笑别的小朋友的缺点，但后来觉得这样是不对的。可儿长大以后，大家也会好好对她。"可儿的朋友希望所有人都能够善意地对待可儿。

摘自：王会贤.特殊儿童"普校就读"的实践——全纳教育成都试点探访 [J].公益时报，2017年1月21日，略有修改。

四、建设融合性无障碍物理环境

融合性学校的变革还在于为特殊需要学生提供无障碍条件，无论是教室、图书馆、会议大厅、教师办公室，还是宿舍、食堂等场所，均应可到达、可使用。校园无障碍硬件设施的建设与改造，主要包括校园道路、洗手间、电梯（升降设备）、建筑物入口、室内出入口、室内通路走廊、轮椅观众席位、楼梯、停车位等。依据不同障碍类型的学生需求，需要建设和改造的主要硬件设施如下。

（一）视力障碍和听力障碍学生

在使用校园设施时，视力障碍和听力障碍学生需要依赖引导系统和警示系统，以协助他们克服环境障碍。常见的无障碍环境建设和改造包括盲道、警示带、警示音响、指示装置、室外无障碍道路、无障碍建筑物出入口、室内无障碍走廊（如加装扶手的走廊）、无障碍楼梯（如加装扶手和警示带的楼梯）等。

（二）肢体障碍学生

由于行动不便，肢体障碍学生通常需要借助轮椅和拐杖等辅助用具，因此，学校需要在无障碍坡道、扶手、栏杆、电梯以及低位装置等方面做出改变。

(三) 其他特殊需要学生

特殊需要学生经常发生碰撞、跌倒、摩擦、翻落、夹伤等意外事故，学校可以提供防滑、防撞及防夹等安全性设施。此外，在学校环境的布置和设计过程中，可以让学生参与进来，还可以将学生的优秀作品在学校中展示，以增强学生对学校的归属感。

五、协调配置融合性学校资源

(一) 建立资源教室

校长要将资源教室的工作纳入学校计划。建立资源教室时，应参照资源教室建设文件的要求，建立健全资源教室管理制度，拟订本校资源教室实施方案，确立目标、内容和任务，确定资源教室服务的对象和运作方式。在实施过程中，做好资源教室工作的管理。学校要定期检查、评估、总结与改进。

(二) 管理资源教室

资源教室是融合性学校的支持保障措施，用好资源教室的关键在于管理。(关于学校资源教室内容，详见本书第六章第一节)

六、开展融合性教学

在融合性学校中，为所有学生提供有意义、高质量的教学是重中之重。学校要实现融合教育倡导的让所有学生都在普通教室里接受高质量的教育，就需要对课程与教学的形式、内容及实施策略均做出适当的调整，让特殊需要学生能够和他们的同伴一起充分、平等地参与课程和活动。

（一）多层次的教学目标

教学目标是教学的核心要素。由于学生的学习特点不同、需要不同，决定了对于相同的教学内容，教学目标的设定也应该是多层次的。

根据课程标准、学科教学要求、班级学生的整体水平，在关注整体兼顾个别的原则下，为特殊需要学生拟订适合他们的、恰当的教学目标成为融合课堂的首要任务。

特殊需要学生的教学目标主要依据学生实际情况和所在班级的学科课程目标以个别教育计划形式体现。（详见第五章有关融合班级教学策略的介绍）

（二）多样化的教育教学方式

多样化的教育教学方式包括多种教育教学方法和多样化的活动形式。融合性教学中，教师在选择借鉴、学习或者创造某一教育教学方式时，要有意识地分析和把握以下几个要素：一是教师对该教育教学方式的认识与解析；二是该教育教学方式是否适用于自己的学生，特别是特殊需要学生；三是创设的情境与所采用的教育教学方式的匹配程度；四是要交替使用不同的教育教学方式，以保持新鲜感和趣味性。（本书第四章详细介绍了多样化的教育方式，第六章详细介绍了多种课程和教学调整策略）

（三）多元化的评价方式

评价是为了全面了解学生学习的历程，详尽、具体地反映学生的学业成就和进步。在融合性学校的教学中，可以采用多元化的评价方式，一方面要做好激励性评价，即根据具体情况，尽可能当众表扬，私下批评。不批评、不指责学习上的失败，激励特殊需要学生迎接挑战，并帮助学生赢得挑战。另一方面要建立多元评价与考核方式。依据确定的不同层次教学目标的达成度，进行分层评价，建立以自己为参照的纵向评价，尽可能地减少以他人为参照的横向评价，或将之作为辅助评价方式。此外，还要根据特殊需要学生的身心发展特点和潜能，扩大评价的范围，例如，评价学生的课后作业时，不仅可以评价正确率，还可以评价字迹、页面布局、完成时间、是否有创新等方面，从而帮助特殊需要学生增加成功的机会。

在评价方法上，对每一个学生的评价可以采取自评、同伴评、教师评、家长评相结合的方式，充分利用课堂观察记录、学生成长档案袋、同伴互评评语表、学生综合发展评价工具包等方式。让每一个学生都能通过评价体验到成功的喜悦，获得进步的动力。

【案例："小马哥"的故事】

  班主任老师主要采取社交支持策略，对学生进行间接的干预。班主任从"小马哥"有明显的阅读兴趣，并能完全胜任阅读学科这一点切入，再利用他喜欢历史题材书籍的特点，为他创设了多种形式的展示平台。

经过长期的交往磨合，班主任看到"小马哥"对班里的同学"宣"和"涵"有好感，乐于和其交流的现状，专门安排"宣""涵"为"小马哥"的阳光伙伴。阳光伙伴将协助任课教师或班主任，为"小马哥"提供必要的、适度的帮助和指导，如用餐技能、排队提示、学习准备等。其原则是以培养和锻炼"小马哥"的学校生活实践和学习能力为主。

资源教师除为"小马哥"量身定制阅读课程和学科补救课程以外，每周三下午课后一小时，还让"小马哥"参与绘本阅读和绘本制作社团活动。普通学生良好的阅读行为，为"小马哥"模仿学习阅读提供了环境和行为支持，为"小马哥"体验自主阅读、培养阅读兴趣，促进语言输出奠定了一定的基础。

为了增强"小马哥"感觉统合能力，提高注意力、模仿能力，缓解学习焦虑和疲劳，资源教师还让"小马哥"加入了每周一和周四下午课后一小时的少儿瑜伽社团。社团团员既有普通学生，也有特殊需要学生。从三年多的实践经验来看，无论是团体瑜伽练习还是个案练习，都对障碍学生有着积极的影响。

摘自：海淀区永泰小学. 学校本位融合教育的实践. 总结材料，2017 年

七、做好家校合作

（一）融合性学校建设的家长职责

在一定程度上，家长既可能成为促进融合性学校工作开展的因素，也可能成为工作开展的障碍。特殊需要学生家长和普通学生家长都是学校引导与合作的重要力量。

在义务教育阶段，特别是在低年级，存在家长对特殊需要缺乏信心，不愿意让其按时入学、办理缓学或倾向于在机构接受教育等现象。普通学生家长对特殊需要学生参与融合教育的态度，对融合教育的顺利开展具有重要的影响。学校应想办法、花时间引导家长，积极鼓励学生认识每个同学都有所长，也有所短，生命与生命之间是共融共存的道理。融合教育是不同生命之间共同融合、互相接受的过程。

在融合性学校建设中，家长的主要职责包括以下几点。

所有家长均应积极参与学校发展规划的制订、实施和评估工作，为学校提供支援，如信息、建议、适宜的教具辅具等。

特殊需要学生家长应主动与学校沟通交流，及时掌握其子女在学校的学业和身心发展状况，配合学校教师制订学习计划和康复训练计划等。

特殊需要学生家长应配合教师开展特殊需要学生的家庭教育、康复和训练等。

特殊需要学生家长需要参与制订子女的个别化教育计划，并根据自己对孩子的发展情况的掌握，及时向学校反馈详细的信息。同时，特殊需要学生家长还有权监督 IEP 在学校实施的情况及效果。

普通学生家长应转变观念，理解、接纳特殊需要学生，以身示范，尽可能为他们提供各种便利和支持。

（二）融合性学校的家校合作工作内容

在融合性学校建设中，围绕家校合作，学校可以开展以下工作。

第一，学校需要做好宣传和咨询工作，通过校园网、微信公众号、自办校刊等多种方式，宣传学校办学理念和教育政策，发布学校新闻，让家长更好地了解校情、关注学校教育。

第二，学校可以完善和落实有关家校合作的各项工作机制，如利用家长开放日，展示学校的教育教学成果与实践，还可以邀请家长进入课堂听课、观察学生活动、参加主题班会等，让家长了解学校、了解教师，增进与学校的感情。

第三，在制订学校规划和家校合作相关工作计划时，主动邀请家长参与，激发家长关心、支持学校的热情。

第四，通过家长学校、家长讲座、家长工作坊等方式，有针对性地开展培训活动，让家长知道在家庭中为特殊需要学生提供教育和康复训练的重要性并掌握适当的方法。学校还可以根据需要为家长提供个性化的咨询服务。

第五，学校在教师培训中增加与家校合作相关的内容，不仅要让教师清楚地认识到家校合作的重要性和必要性，还需要帮助教师

掌握如何促进家长参与的相关内容。（关于教师与家长的家校合作的具体策略，详见本书第三章第三节的介绍）

八、处理融合性学校的外部关系

学校与社区、社会的外部工作是融合性学校不可或缺的一部分，处理融合性学校的外部关系可从以下四个方面进行：（1）形成融合性学校文化。坚定融合教育信念，追求融合教育的方向与目标，坚持融合教育持续的过程，形成融合性学校的文化。（2）引入社区内可使用的资源。洞察学校所在社区、地域的资源，了解社区文化、经济、政治、历史等，了解社区、地域的社会群体、社会活动、生活方式等，适时适度地将其引入学校教育。洞察社区的教育力量，争取社区政府、文化事业单位、民众团体、社会工作者、成功人士的支持与帮助，使用街道、社区相关的公共服务、民生设备设施等。（3）争取各级政府和社会力量的支持。学校要主动了解普通教育和特殊教育的政策法规，利用普教体系和特教体系为融合教育提供的各种帮助和支援。了解残联、民政、财政、医疗、公安等政府部门的相关政策法规，保障融合教育的有效推进。（4）积极输出融合性学校文化。在引入社区资源和参与对外活动时，倡导学校教职员工、学生和家长将融合文化带入社区和社会。

【提要】

融合性学校建设强调了在学校建设过程中融合教育的核心理念,无论是学校的规划、制度、管理、设施设备,还是学生评价、家校工作,均以促进每个成员的发展为中心。

融合性学校注重资源的链接和调配,其中特殊教育相关资源对融合性学校至关重要。

融合性学校的家长工作对学生、教师和学校发展具有重要作用。引入社区和社会资源和输出学校融合文化对学校、社区和社会发展具有积极作用。

第四章　相处——建设融合性班级

第三章详细讲解了融合性学校的建设，突出了公平、尊重差异、对每个人寄予希望的理念。班级是学校的缩影，融合性班级建设与融合性学校建设异曲同工。本章将从创设和谐的班级氛围、建立积极的人际关系、家校合作三方面勾勒出融合性班级建设的要点。

【本章重点】

1．在融合性班级的环境布置、制度建设方面，教师可以怎么做？

2．融合性班级教师如何与特殊需要学生建立积极的师生关系？教师如何指导普通学生和特殊需要学生建立积极的友谊关系？

3．融合性班级教师如何与特殊需要学生的家长有效沟通？如何解决普通学生家长的担忧？

第一节　怎样创设和谐的班级氛围

【案例：小杰的座位】

　　小杰的中耳炎影响了左耳的听力。当他坐在教室最右边靠墙的位置时，随意接话、扭动身体、情绪躁动的现象明显增加，他说听不清老师讲话。出于对视力的保护，学生座位每2周会依次向左轮换，老师觉得两难，总不能只有小杰不换座位。为了照顾小杰的特殊性，老师特意在班会上就是否愿意换座位征求同学们的意见，没想到除了小杰，还有一些同学不愿意换座位，理由很多样，如靠窗太晒了，不喜欢阳光；靠墙太挤了；不想和喜欢的同学分开等。讨论中同学们一致认为小杰的理由更充分，他们还总结出两个建议：一是小杰的座位在轮换时只从第一列轮换到第四列，不用轮换到靠墙的位置；二是小杰在轮换到靠墙的位置时，可以把座位从第三行调到第一行。小杰可以通过尝试选择适合的方式。

【案例：合理利用优势】

　　玲玲是个孤独症女孩，她对物品摆放的整齐程度要求非常高，没有关紧的柜门、没有摆整齐的水壶、没有叠方正的抹布等，都难逃她的眼睛。只要她发现物品不整齐，无论是在上课还是下课，一定要去摆放好。有时候这种行为会对教学产生一定的影响。老师认为玲玲对环境的敏感对班级教学具有双重作用。起初，老师为了减少玲玲的敏感，将她的座位安排在教室前半部，这一举措使得下座位等行为得到了缓解，但是从玲玲的身高来看，她坐在前半部显然太高了些。资源教师提出了两条建议：一是通过提示条提醒玲玲做好自我管理，避免出现打扰课堂的行为；二是利用玲玲的敏感和刻板，培养她服务班级的意识，在同学中树立正面形象。老师在玲玲的桌角贴上写有"上课前检查和提醒同学摆放好物品，上课后发现问题及时记录，下课后再去解决"的提示条。一个月后，玲玲不仅消除了不良行为，还养成了服务班级的习惯，同学们也越来越关注班级环境的整洁。

【案例：老师眼中的小贝】

二年级的小贝和琳琳是邻居也是好朋友，突然有一天琳琳不再到小贝家写作业，她说老师不喜欢小贝，不想和他玩了。至于她是怎么发现这个秘密的，她说老师给同学们读课文的时候，小贝一直在咳嗽，老师使劲瞪他，肯定是非常讨厌他。

融合性班级强调人人参与、人人收获、人人快乐，通过对物理环境、制度建设、常规管理的改善让班级成为每个学生的家。

一、融合性班级的物理环境

班级的物理环境包括天然物理环境和人工物理环境。天然物理环境指的是教室的朝向、光照、声音等,人工物理环境指的是由人工因素产生的噪声、光等。你或许并没太留意过这些因素,但是很多敏感的学生深受影响。

(一) 融合性班级的空间管理

融合性班级的空间管理包括物理空间和物理空间带给教师和学生的心理感受。当你站上讲台瞭望如同稻田般排列的学生时,是否有一种油然而生的权威感?从物理空间看,摆在地面上的课桌椅与高出地面的讲台营造了以教师为中心的氛围,带给教师和学生关于主宰权的心理暗示,这就是人对物理空间的感受。融合性班级的空间管理除了要关注普通教室空间管理的着眼点,如光线、干扰物等,还需要关注便利性、特殊性和以学生为中心三方面。

1. 便利性

便利性是指便于学生和教师缩短工作和活动流程、迅速处理资料、随时沟通和协调所做的布置。排排坐的座位会带来横向不可见的问题,在小组分享和沟通时,学生需要下座位、调整坐姿等环节,而多人小组座位就便于学生之间的观摩、分享和沟通。

融合性班级空间管理的便利性包括教室中物品的摆放和师生、生生间的互动,大到安排座位,小到水壶、图书等物品的摆放,都突出了方便和快捷。

你或许会担心物品放置的方式不当或小组座位会带来一些负面的作用，如在上课铃响后因为传递东西延误了上课，或小组座位会让学生过于关注对方，分散注意力。其实只要多尝试，这些问题总有解决的办法。

当发现便利带来负面影响时，不要急于否定为了便利所做的改变，可以尝试给学生和自己适应与习惯的时间，也可以在便利的基础上继续调整，使之更加合理。

2. 特殊性

特殊性是指在提供便利性的同时充分考虑学生的特殊需求，使班级物理环境更加贴心。特殊性看似着眼于特殊需要学生，其实在操作中可以让每个人受益。

定制化地解决特殊问题。在小杰的座位案例中，不仅老师尊重了小杰的特殊性，同学也学会根据差异处理问题的方法，班级中尊重他人、善待他人的风气变得更加浓厚。

充分利用特殊性。在玲玲的案例中，老师抓住玲玲视觉敏感的特点，通过合理引导和利用，将问题转换为服务班级的优势。

3. 以学生为中心

便利性和特殊性体现了从学生角度出发，以学生为中心则更加强调班级空间为学生和他们的学习服务的理念。教师可以根据学科特点和学生学习特点进行班级空间调整。无论是单人座位，还是小组座位，抑或是围坐等方式都有各自的优势。有些教师认为实践操作需要互相观摩和启发，采用小组座位更加合适，而语文是语言的艺术，需要交流、互动和情景创设，围坐的方式会让师生更加平等和亲近，有利于学生和教师、学生和学生之间的互动。

特殊需要学生对座位和班级成员有自己的感受，他们也有喜欢的同学和小组，与他们一起挑选合适的小组成员和座位，有助于他们增进交流，提高学习质量。

有些学生喜欢独处，或者在情绪波动时需要"静静"，安全的角落对他们具有暂时隔离的作用，一个小柜子、一个墙角、一个帐篷都可以提供封闭的小空间。你也许认为教室空间有限，没有办法安排诸如"安全角"的分区，殊不知分区可以更好地让学生在同一时间内互不干扰。在一堂课上经常会出现有些同学完成了练习，有些还在完成中，有些需要单独讲解和指导的情况，为了不打扰别人，已经完成的同学不能朗读或者交谈，需要单独讲解的同学多半会集中到讲台边。如果教室进行了分区管理，已完成的同学可以到读书或操作区活动，需要讲解的同学可以到讲台边，其他同学则继续完成练习，此时读书或操作区的同学自然形成了小组，既不影响未完成练习的同学，也可以互相观摩和讨论，而这个角落或许只是教室的柜子边或教室一侧的窗台边。

以学生为中心的教室空间管理是将学生放在教育教学的中心，教室的空间服务于学生的学习和生活。

（二）融合性班级的环境设计

班级的空间管理突出了从学生需求出发、以学生为中心、服务学生的理念，班级的环境设计也是如此。苏霍姆林斯基说："我们认为，用环境、用学生自己创造的周围环境、用丰富集体精神生活的一切东西进行教育，这是教育过程中最微妙之处[①]。"融合性班级的环境设计突出了平等、包容、鼓励人人参与和收获的融合教育理念，是融合教育文化的载体。

1. 融合性班级环境让每个人感到舒适

融合性班级环境不是单独为特殊需要学生而设计的，是更加强调让每个人感到舒适。舒适指的是给予学生美的感受，激发和保持学生适度的学习兴趣和求知欲望。如班级中的花草能够美化环境，培养学生对自然的热爱，花草打理得好会给人舒适的感受，疯长或凋零的花草则会影响美观，带来不好的心理感受。

令人舒适的环境是由教室内的每一面墙、每一个专栏、每一件物品、每一个人构成的，大到色彩和空间，小到一张纸、一盆花。师生的充分沟通和共同参与是融合性班级环境保持舒适的窍门。

2. 融合性班级环境的设计需要人人参与

人人参与是班级环境保持舒适的窍门，也是融合性班级文化的重要体现。教室是学生和教师的第二个家，环境的舒适和环境建设中的归属感对班级凝聚力的形成有重要作用。教师需要和学生一起讨论、一起设计、一起布置班级环境。

一起讨论。教师需要充分倾听学生的意见。教室应有的元素有哪些及如何体现，教室的形象，对不同年龄段的学生来说，关注点

[①] 苏霍姆林斯基.帕夫雷什中学[M].赵玮等译.北京：教育科学出版社，1983年版，第122页.

和需求各不相同。有些一年级的学生认为教室应该是漂亮的，应该有绿色的植物、小乌龟或小鱼；教室应该是整齐的，应该把水壶、书包、书、桌椅和其他东西摆得整整齐齐；教室应该很"高级"，应该有电脑，能看动画片；同学们要珍惜时间，应该有钟表和沙漏；同学们要讲卫生，应该有毛巾和洗手液；同学们还应该学习知识，应该有黑板、图书角、展览角……你会发现虽然他们只是一年级的学生，但他们对教室的环境也有很多期待。案例中的玲玲认为所有物品应摆放整齐，这样的建议都需要被倾听和得到尊重。一起讨论的好处是让每个人对班级的归属感从爱上教室开始，而且会让他们自觉自愿地遵守教室中的一些规矩。

一起设计。确定好教室的应有元素，接下来需要引导学生进行合理地分析，例如，教室需要多少绿色植物，应该放在哪里；有谁养过小鱼和小乌龟，如果在班里养，谁来照顾，会不会有同学上课的时候分心；各种物品应该摆放在哪里，怎样保持整齐；同学们想展示什么，在哪里展示等。可以让学生分成小组进行设计，也可以请他们的家长共同参与，还可以组织"我的教室"设计展览，将设计变为学科综合实践活动。

一起布置。在确定设计方案后，可以为学生提供各种需要的材料，请他们甚至他们的家长一起将设计方案变为现实。

无论是讨论、设计还是布置，都体现着融合性班级的平等与合作，同学间、家校间、师生间的亲密关系会在不知不觉中建立和加深。如果同学们了解了玲玲对教室环境的期待，就会理解玲玲上课时为何离开座位去摆齐水壶，并会提示自己养成摆齐物品的习惯。融合性班级环境设计的重点不是教室环境，而是彰显的融合教育理念。

3. 融合性班级环境助力并见证学生的成长

融合性班级环境助力学生的成长是指学生在讨论、设计和布置中的成长。

教室环境设计可按学期或学年进行。随着学生经验的累积，他们对教室环境和个人成长的期待会越来越丰富和清晰。低年级的学生认为要爱家人和同学，教室里应该有同学们的全家福和班级大合照；中年级的学生认为要爱国家、爱自然，教室里应该有地图、地球仪，还要有环保、科学的内容；高年级的学生则认为爱国体现在自己对党和国家的承诺上，教室里应该有"我向祖国承诺"的专栏。每一次关于班级环境建设的讨论都是在见证学生心灵的成长。

教室的环境布置应根据需要弹性调整和更换，记录学生的成长，如随着季节变化，小鱼、小乌龟和绿植应该放在哪里；有意义的活动成果如何展示，需要回顾的学习材料怎么便于查找，等等。

特别要注意展示类的专栏，这些专栏应引导学生关注个体成长的纵向成果，看到同伴的进步，避免与同学做比较。与自己的比较不仅能看清问题，形成目标意识，还可以获得激励和自我认可，也会在同学间形成相互欣赏和鼓励的氛围。

二、融合性班级的制度建设

同物理环境的设计一样，融合性班级的制度建设也体现了融合文化，它重点讨论学生如何参与班级管理并在管理中得到成长。

与人人参与班级环境设计一样，融合性班级的班级管理制度也应鼓励学生充分参与，不同的是参与过程中一个侧重在怎样的环境中学习和生活，一个侧重如何保持良好的秩序和环境。要想让学生充分参与班级管理制度的建设，首先班主任要调整自己的角色，建设班级管理团队。

（一）调整班主任角色

班主任是学校教育管理工作中的重要角色，承担着班级的组织、管理和教育工作。《中华人民共和国教育法》和《中小学班主任工作暂行规定》等文件对班主任的专业化地位和工作职责做了明确规定。

融合性班级更强调班主任的示范作用，以及其中蕴含的融合教育理念。作为班主任，需要经常回顾第三章融合性学校的文化内涵，时刻提醒自己成为平等待人、接纳差异、尊重他人、合作分享的人，成为学生的榜样。然后需要思考怎样让学生成为这样的人，可以将思考的结果融入班级常规、日常活动、教育教学，以及班会和班级特色课程中，让自己成为学生成长的领航者。

做学生的榜样不是一件容易的事，在小贝案例中，也许老师只是不经意地看向小贝，或者在关心小贝为什么咳嗽。如果老师在课后对小贝表示一下关心，琳琳不仅不会疏远小贝，还会更加关心他。

班主任的言行举止是无形的标准，也是学生自觉自愿遵守的规则，不是管理胜似管理。

（二）建设班级管理团队

融合性班级倡导每一位学生都成为班级的主人，都有机会参与班级管理、监督和评价。班级管理团队除了常规的班委会、少先队组织，还可以设置监督或自律岗，这样更有利于包括特殊需要学生在内的所有学生的参与。同学间要互相关注，保证每位同学都承担监督者任务，采用公开和隐私的方式相互提醒和促进，自动成为管理团队中的自律者。玲玲首先管理好自己，避免出现打扰课堂的行为，成为班级中的自律者；然后玲玲负责上课前检查和提醒同学摆好物品，成为班级中的监督者。

（三）制定班级管理规章制度

班规是在学校管理规定下，根据本班实际情况，由学生参与拟定、讨论并最后形成共识的规章制度。融合性班级的班规并非为融合而定，而是在班规和班规的制定与执行中体现融合教育理念。

班主任应组织学生对照国家和学校对各年龄段学生的成长要求、学生自我期待、家长教师对学生的期待等，共同拟定、讨论并最后形成班级管理规章制度，包括管理常规、学生个性发展、小组合作学习等，使所有学生明确目标、内容和标准，在管理班级、自我管理、监督与评价中有章可循。

> 【提要】
>
> 　　融合性班级是学校的缩影，与融合性学校致力于每个学生和教师的发展一样，融合性班级力争成为促进每个学生成长的家园。
>
> 　　融合性班级的空间设计在安全、美观的基础上突出了以学生为中心的便利和关注特殊需求；在环境设计上强调了舒适和人人参与的理念，使教室环境助力并见证每个人的成长。
>
> 　　融合性班级的制度建设需要班主任和任课教师调整角色，做融合教育的代言人，培养所有学生成为班级管理者，强化学生参与班级规章制定的共识，共建以班主任为表率的人人懂规则、人人有目标、人人自律、人人监督的融合性班级。

第二节　如何建立积极的人际关系

【案例：温暖的环境】

"小楠，你听清了吗？"我已经习惯放慢语速，张大口型，重复每节课的知识点。戴着人工耳蜗的他有时还会听不清，因为耳蜗对周围的环境有极高的要求，如果同学们大声讨论问题或周围的人窃窃私语，小楠就会感到烦躁、不舒服，有时会很快地把体外接收器揪下来。知道了他的特殊需求，考虑到小楠的实际困难后，班集体就有了一个不成文的规定：不高声地讨论问题；不在教室里大声喧哗；小楠周围两米内的同学，不窃窃私语。同学们太可爱了，他们居然都欣然接受并自觉遵守这些不成文的规矩。我们班的课堂讨论，声音虽然不是很高，但每个学生都在参与；我们班的小组讨论，音量尽量保持在组内听到即可，不干扰小楠。同学们的善良感动了我，同学们对小楠的关爱成为班里的一道风景。

是啊，十来岁的孩子正处于说说笑笑、无拘无束的时候，有了小楠，同学们变得更加成熟有礼了。同学们还自发开展"助学"活动，明确帮扶学科，轮流帮助小楠提高学习成绩。小楠很要强，通常要花费普通学生两三倍的时间把课文读熟读懂。

小楠，笑容灿烂；班集体，其乐融融，天阔地宽。

案例来源：门头沟区城子小学教师　朱建玲

人际关系是指人们在交往中形成的关系，有物质关系，也有精神关系。班级中的人际关系看似简单，其实也非常复杂。有垂直关系，如师生关系；有平行关系，如生生关系；有点面关系，如个人与班集体的关系，小组和班级、班级与班级、班级与全校之间的关系，个人与正式群体、个人与非正式群体的关系等。

特殊需要学生在生理、性格、学习上存在的障碍或困难，客观上给他们的心理造成了一定的压力。特殊需要学生在班级中与教师、同学的交往可能会出现障碍，或回避、退缩，或随心所欲、不能自控。因此，教师需要在融合性班级中建立积极的师生关系和生生关系，帮助特殊需要学生改善人际关系，融入集体，引导普通学生提高交往能力。

一、建立积极的师生关系

（一）了解学生，接纳每一位学生

教师对特殊需要学生的接纳态度，是融合教育顺利实施的基础。学校校长在推动融合教育变革时，必须考量教师对融合教育的态度以及态度的变化情况。

当你的班级中有特殊需要学生时，不妨仔细读读下表中教师对特殊需要学生的三种关注类型和七个阶段，看看自己处于哪个阶段。

教师对特殊需要学生的关注阶段

类型	关注阶段	特点描述
自我关注	知觉关注	教师对特殊需要学生很少关注。
自我关注	信息关注	教师对特殊需要学生具有一般性认识，同时愿意了解更多内容。此阶段，个人不太在意特殊需要学生与自己的关系，而是关注特殊需要学生本身的一般特征。
自我关注	个人关注	教师尚未能了解特殊需要学生对于自己的要求，同时担心自己能否胜任特殊需要学生的教育工作。
任务关注	管理关注	教师较多关注落实相关工作，例如，如何完成教育教学任务，同时，希望了解教育特殊需要学生的策略和管理规定等。

续表

类型	关注阶段	特点描述
影响关注	结果关注	教师关注的焦点是融合教育对学生的影响和效果，着重关注融合教育对于学生的适切性，推广融合教育后学生的学习效果，或者融合教育有无改善学生表现。
	合作关注	教师关注的焦点为实施融合教育时，如何与他人协调合作，个人能够与他人讨论互动，进而激发合作产出。
	再调整关注	教师已经不再关注特殊需要学生的影响，而是进一步探讨自身所采取策略的优点，同时，能够设计其他策略，以改善或取代原有的变革内容。

在融合性班级任教的教师，不管是班主任还是学科教师，都是最直接地服务于特殊需要学生和他们的家长。班主任与学生、家长联系最多，职责最具体、全面；学科教师直接担负特殊需要学生的身心发展与学业进步等任务。教师和学校管理者只有意识到并理解自身对特殊需要学生的态度变化和关注阶段，才能更好地设计相应的管理措施。

从事融合教育阅历多、体会深的教师都知道，特殊需要学生来到普通班级，教师首先面临的是接纳什么、如何接纳的问题。接纳学生的外表，接纳他（她）的家庭，接纳他（她）行为处事的一切，接纳他（她）的学习表现、学业成绩等。如何接纳呢？教师要做到心平气和，逐步靠近，乃至形成基本的、完全的接纳态度，这是教师接受挑战、更新自我、求索创新的过程。

【案例】变"烦恼的心"为"热忱的心":融合教育教师的心态转变

2005年,中国人民大学附属小学从中国人民大学院内迁到新址,由单纯接收高校职工子弟的大学附小成为同时承担义务教育的小区配套学校,每年承担世纪城一万七千户业主子女的义务教育。2005年起,学校每年在入学新生中都能筛查出8%~12%的行为异常学生。这些学生不能正常地参与课堂教学活动,甚至常常影响教学秩序,出现课上随便走动、发出各种声音的行为,如此,不仅他们自己不能享受优质教育资源,也影响了同班学生的学习。

起初,学校的教师们非常苦恼,也很不理解学校怎么能收有各种障碍的学生,这样太影响学校声誉了。面对特殊需要学生,教师们苦不堪言,对这些学生无计可施,教师们处在教育的窘境中,怀着一颗"烦恼的心"。其他家长们发现孩子的班上有这样的学生,联名要求学校劝其转学。针对这一亟待解决的问题,学校先后请专家来校对全体教师进行了一系列培训,并组织干部、班主任教师到海淀区培智中心学校参观。

到了2009年,教师的"烦恼心"状态有所缓解。当校长问到特殊需要学生的情况时,教师一般都会说:"校长,有时间我给你讲讲那孩子的故事。"可以感觉到,教师们的心态平和了，能够以一颗平常心对待这样的学生了。

学校进一步邀请专家深入班级，帮助观察和分析学生情况，进行评估，拟订个别化教育计划，对建立资源教室提出指导性建议。向班主任和家长面对面地宣传融合教育理念，辅助家长解决教育的困惑，辅导教师拟定工作策略。

2010年，随着人大附小资源教师的工作越做越好，教师们发现资源教师很有用，开始以积极的心态，主动寻求资源教师的帮助。

围绕着资源教室建设与管理、融合教育支持保障体系等专题，学校还组织开展了科学研究。这些研究改变了教师的育人观与质量观，教师们越来越认识到开展融合教育的好处，心态越来越平和，他们的态度由原来的埋怨转变为积极配合资源教师的工作，学会了换位思考，带着一颗责任心在棘手的问题上有效利用资源，积极开展合作。

2012年，学校有四位班主任和骨干教师主动申请到资源教室工作，老师们以一颗热忱的心在做着融合教育。他们已经不把融合教育当作一件愁事，而是当成一件乐事。

摘自：郑瑞芳. 人大附小的融合教育[M]. 北京：中国人民大学出版社，2018年

(二)走近学生,建立积极情感联结

面对不同类别、不同程度的特殊需要学生,如何与他们有效沟通是教师要积极主动对待的一件事。学生们的个性不同,与人交往中呈现的特点也有差异。教师在与特殊需要学生交往时,要根据学生的特点创造条件和机会让学生能够勇敢地表达自己的意见与诉求。教师要善于为学生着想,站在学生的角度思考他需要什么,他为什么会这样做,他能否在改变的过程中感到安全与亲切,他的寒暑冷暖、饮食起居、欢乐忧伤教师都要记挂在心,切不可认为我是教师,是施恩者,你是受教育者,是受恩者。

亲其师信其道,可以采取以下策略,与特殊需要学生建立亲密的师生关系。

(1)教师以积极的情绪、饱满的热情影响或缓解特殊需要学生的情绪。

(2)在教学和日常交往中经常富有激情和幽默感。

(3)对待突发事件,不当众发脾气或批评学生。

(4)尊重每一个学生。如果班上的每个学生都能感觉到自己受重视,那就没有人会怨恨班上其他被重视的学生。

(5)主动理解、关心特殊需要学生,了解学生的爱好、个人兴趣与梦想,拉近师生之间的情感距离。

(6)积极发现特殊需要学生的长处,帮助特殊需要学生建立起对自己的信心,激发自我改变的需求。

(7)表达对特殊需要学生的信任,相信他们有能力完成任务。

根据特殊需要学生的特点向其委派适当的工作与任务，让他们在活动中独立完成一些任务。一旦他们成功地完成任务，赞扬他的成功，并委派难度略高的下一个任务。

【案例】积极的师生关系

  人大附小的教师总结了与特殊需要学生交往的四个步骤：一是走近学生，先接触，然后慢慢靠近，试着用学生的眼光看世界，从而走进学生的心灵；二是理解学生，换位思考，站在学生的角度思考他为什么会这么想？为什么会这么做？三是取悦学生，老师们发现，如果学生不喜欢你，你根本别想走近他，更谈不到帮助他；四是取信学生，喜欢只是一小步，当学生信任你的时候，他就会向你敞开心扉。教师与每一个学生之间都要建立信任，当学生信任教师时，就会主动地走近教师。

  程起老师回忆：当我第一次接触这些咿咿呀呀、双手比画不停、脾气古里古怪的学生时，真是不知如何下手。我抬头看到书架上一排排图文并茂的书，有了想法，对，用故事吸引他们。我拿起一本故事书，拉过来一个小姑娘，让她跟我一起读，她惊恐地看着我，一边自言自语，一边把书夺过来，扔了出去。

  "你不喜欢听故事吗？"我温柔地摸着她的头，笑着问。她不看我，更不愿意理我，只顾着干自己的事。看到孩子的表现，我并不气馁，"我特别喜欢你，特别想跟你聊聊天。"我边说边把她抱到怀里。她努力挣脱我，又独自做自己的事去了。看到学生们一点都不喜欢我，不愿和我交流，我呆呆地坐在椅子上，陷入了沉思……

突然我的脑海中闪过一个念头，对于这些特殊需要学生，可能需要用不一样的教育方式。也许，夸张的表演能够引起他们的注意。想到这，我再次拿起那本故事书，没有叫她，而是自己一边绘声绘色地朗读一边表演。根据故事情节的发展，我的声音时高时低，节奏时快时慢。当讲到大灰狼要吃掉小白兔时，我大声呼喊："小白兔，快跑啊！快点躲进山洞里！"我边讲边用余光观察她，刚开始她还无动于衷，随着故事情节的发展，她开始一点点地靠近我，当讲到小白兔遇到危险时，她急得一下子扑到我的怀里，嘴里含糊不清地说："大灰狼坏……"我忙安慰她："别着急，小白兔可机灵了，看，它把大灰狼引到猎人的陷阱里，自己跑到山洞躲起来了。"

后来，每次上课之前，我都不打无准备之仗，认真思考要讲的故事的开场白，标注出故事中哪些地方可以和学生们进行简短的交流，激发他们听故事的兴趣和愿望。讲故事时，我注意充满感情，声音抑扬顿挫，让学生们随着故事情节的展开，与故事中的人物一起高兴、着急或难过。有时候，我还会提出一些小问题让学生思考，并将故事中的一些生字挑出来，教学生们认读和书写。

渐渐地，学生们和我更亲近了。

摘自：郑瑞芳.人大附小的融合教育[M].北京：中国人民大学出版社，2018年

二、建立积极的生生关系

融合性班级就是未来社会的一个缩影，既可以让特殊需要学生和家长提早面对要面对的问题，也可以让每个普通学生都理解差异性和多样性的存在。在融合性班级中，教师会让每一个学生都有贡献，每个人都可以从别人身上学习，班级里的每个学生都是融合的目标之一。教师要设法规划并设计学生喜欢且有利于和谐人际关系的活动，让学生在活动中感受到人际关系的美好，促进身心的健康发展。

（一）引导学生理解和尊重差异

教师要有意识、有计划地引导学生发现和理解，班里的每个学生都是不同的，性别外貌、兴趣性格、对待事情的态度和做事的风格等都不尽相同，每个学生的成长需要和发展方向也是不完全一样的。帮助学生形成一种观点，即人是多样的，人和人之间是有差异的。

各种各样的学生组成了温暖友爱、生动活泼的班集体，支撑着学校的将来；社会上各种各样的人形成了五花八门的生气勃勃、积极进取的社会团体，支撑着人类的未来。培养学生提高认识自我、接纳自我的能力，培养学生相互接纳、正确对待他人的能力。帮助学生激励自己，鼓舞他人，通过认识每个人的长处和不足，让学生体会到每个人在集体中不同的作用和贡献。

【活动案例】丛林故事

1. 教师在课前准备一只狮子、一只老鹰、一只乌龟和一只老鼠的图片（或其他四种不同的动物），各复印四份，分别放到四张大白纸上。将四张大白纸挂在教室的四个角落，每张大白纸旁边放一支记号笔。

2. 告诉学生接下来要做一个游戏，帮助学生理解并不是每个人都是相同的或以相同方式思考的。

3. 让学生看四种动物的图片。问学生："如果有一种神奇的魔法，可以让你们做这四种动物中的一种，你想成为哪种动物？"

4. 根据学生们的选择，将学生们分成四组，每组代表一种动物。（如果有一种动物没有任何学生选择，就从其他组中请至少三名同学作为志愿者，为了进行这个活动而进入这个组。）

5. 让四组同学站到各自选择的动物挂图旁，讨论并写下自己喜欢这种动物的哪些特点（写在大白纸的上半部分），然后，在印有其他动物的白纸下面，写下自己不选择这种动物的所有原因。

6. 讨论完成后，每组同学各选出一名代表，读出他们想成为这种动物的原因。然后，让其他组的同学读出他们组不想成为这种动物的原因。

7. 在各组都说出原因后，让学生们讨论在这个活动中学到了什么。教师可以指出，任何品质都可能是积极或消极的，我们看待事物的方式是不同的，不是只有一种正确的方式。每个人都有自己的长处和不足。

8. 讨论每种动物所代表的品质具有的优点。

摘自：[美] 简·尼尔森. 教室中的正面管教 [M]. 北京：北京联合出版公司，2014年，第101页.

（二）引导学生有效沟通，建立友谊

班级是一个相对稳定的环境，来自几十个家庭的学生组成了这个独特的"家"，班主任需要倡导同学间的友爱与互助，并将之融入班级文化和日常的语言系统之中，努力促成同学间的日常友谊。建议教师组织系列主题活动，扩展学生视野，丰富知识，了解常态社会中的不同人群，知道社会是由健全人和有各种障碍的人共同组成的，大家相互依靠。

无论普通学生还是特殊需要学生，与他人交往的技能都需要经过后天的不断学习和练习才能获得。教师需要为班上的每个学生提供社交技能发展的策略,如自我管理、情绪调节、积极倾听、有效沟通、冲突解决等。这些支持策略并不是专门针对特殊需要学生的,而是面向所有学生的。它们不仅有助于普通学生与特殊需要学生展开更加恰当合理的交往,还能够培养所有学生的同伴友谊和积极的人际关系。

【案例】让学生掌握有效倾听的技能

1. 学生两人一组。选择一个话题,如"我最喜欢的食物""我喜欢学校的哪些方面"或"我不喜欢班上的哪些方面"。让学生在讨论中同时发言。

2. 示意学生停下来,然后问学生有多少人感觉自己被倾听,让学生自由地表达自己的感受和想法。

3. 询问学生怎么做才能解决所有人同时发言的问题。他们需要怎么做,才能成为好的倾听者?

4. 将学生的所有主意都写在一张大白纸上,标题为"良好的倾听技能",重要的是让学生自己想办法,做到有效地倾听。

例如:

- 保持目光接触。

- 不打断别人说话。

- 经常点一下头,表明你在倾听。

- 对别人要说的话有兴趣和好奇心。
- 保持全神贯注。

5. 将大白纸挂在教室的墙上。当学生不能好好听别人说话时，提醒学生从大白纸上找到改善的方法。

摘自：[美]简·尼尔森.教室中的正面管教[M].北京：北京联合出版公司，2014年，第100页.

（三）引导学生适度地相互帮助，相互关心

有些时候，教师不需要太刻意地让普通学生帮助特殊需要学生。因为在有些情境中，学生会很自然地相处，教师只需要在他们的互动方式不当时介入，借此机会引导他们如何正确互动。尤其是有些特殊需要学生，他们想和大家玩，可是语言表达不清，沟通方式不对，原本的用意没能让其他学生体察到，给大家带来误解和烦恼。教师当身体力行，向特殊需要学生示范如何用对方乐于接受的方式表达自己的需要。需要引导普通学生的是了解这些特殊需要学生的初心，学会换位思考，看到他们行为背后的原因：原来他是想和我玩，原来他是想和我打招呼，而不是要欺负我。

教师的示范很重要。怎样和特殊需要学生沟通，怎样鼓励或批评，怎样教会特殊需要学生待人处事的方法等，都需要教师亲力亲为，给学生做出榜样，学生在耳濡目染中获益。建议教师多在学生中推广团队游戏、组织学习社交技能的活动，引导普通学生和特殊需要学生学会换位思考，把关心照顾建立在对方的需要上。

谨记：教师的介入、引导一定是精准和少量的，要以最少的干预、最大化的影响为原则。

【提要】

　　在融合性班级中，接纳和建立情感联结是建立积极的师生关系的基础；了解多样性和差异性，并且掌握适当的相处方式和方法是建立良好的生生关系的关键。

第三节　如何建立相互理解的家校合作伙伴关系

【案例：童童妈妈的转变】

　　童童有智力障碍，也是学校第一个从特殊教育班级回到普通班级的学生。回想当初，当资源老师兴高采烈地向童童妈妈报告童童可以到普通班级融合时，她非常坚定地表示拒绝，并讲述了理由，她说："没有家长愿意看到自己的孩子被歧视、被欺负。以往童童和我们经历了太多不开心的事情，我看到过小朋友排斥他，抢走他的东西，甚至打骂他，我们不希望童童再受到那样的对待，不希望他受伤。"童童妈妈的担心代表了一部分特殊需要学生家长的心声。

为了消除家长的顾虑，学校安排了家长观摩活动，让家长通过自然观察了解学生在游戏活动中的交往状况。当妈妈看到童童和普通学生一起读书、摆拼图的时候，她眼里泛着泪光，她发现原来孩子的心地是那样纯净，所有的歧视都是大人们影响给孩子的。从此，童童妈妈自愿承担起对特殊需要学生家长宣传融合教育的工作。

案例来源：北京市朝阳区实验小学新源里分校资源教师　朱振云

家庭是学生的第一个家，学校是学生的第二个家。家长与老师有不少的共通点，这两个不同空间的家，对学生的成长有奠基一生的作用。好家长胜过好老师，好老师胜过好家长，双方都好才有良好的亲子关系和师生关系。每位父母都爱自己的孩子，他们不求自己的孩子多么出众，多么出类拔萃，只愿他们能平安健康。家长本身就是最能帮助自己孩子的人，因为只有家长与孩子相处最久、对孩子影响最大。特殊需要学生家长对融合教育的认识和态度，通常都会经历一个从拒绝与怀疑到认可与支持的发展过程。普通学生家长对融合教育的认识和态度，也会有一个从不了解到理解与支持的发展过程。

在融合教育中，家校合作具有极大的特殊性与艰巨性。家校合作的对象不仅仅包含普通学生家长，还包含特殊需要学生家长；家校合作的任务不仅仅包含与普通学生家长建立合作伙伴关系，还包含与特殊需要学生家长建立合作伙伴关系。随之而来的，还有普通学生家长与特殊需要学生家长之间的合作伙伴关系的建立，教师与双方家长之间的协力合作是共同助推融合教育落地不可或缺的因素。

家校合作涉及一个班级的几十位学生的家长、班主任和多学科教师的不同见地，家校合作中对每位主体的信任，彼此之间的对话与共事，都需建立在深层次的相互理解和尊重之上。

一、建立教师与家长合作关系的原则

建立教师和家长的合作关系应当坚持四个原则，即沟通、专业素养、尊重、信任。其中，信任是基石，将其他部分联系在一起。

沟通。有效的沟通需要教师注意与家长沟通的数量和质量。数量是指沟通的频率以及是否有效利用自己和家长的时间。质量是指教师需要用积极的态度和做法，准确和清晰地沟通，并且尊重沟通的对象。教师与家长之间的沟通大体上有以下五个要素：友好、倾听、清晰、诚实、提供并整合信息。

专业素养。融合教师应当比普通教师更加理解和认可融合教育的意义和价值，更加懂得关注学生，更加懂得关注学生的生活质量和生命意义，有从事融合教育的意愿与热情，关怀弱势群体，坚持有教无类、因材施教，掌握多样化的教育教学方法。

尊重。融合教师视每个学生和家长为受人尊敬的、有价值的、有自尊的生命体，需要把他们当作真正意义的人而不是一个标签，保障教育权的平等和公正。

信任。信任是一切合作关系的核心和基础。当教师与家长以一种开放和诚实的方式进行信息交换时；当教师为学生提供高质量的教育，并且为家庭提供高质量的合作关系时；当教师尊重别人，并且尊重他人的价值观时，信任便可以自然而然地建立。

二、与特殊需要学生家长的合作策略

童童妈妈转变的案例，体现了学校与特殊需要学生的家长建立合作伙伴关系的最终目的是为了学生的发展，这里所说的发展不仅是促进学生当下的学业发展，更重要的是为学生的终生着想，这一点与普通学生有区别。一般情况下，普通学生的发展空间相对宽泛与灵活，特殊需要学生身心发展的受限程度大于普通学生。在适当的时机，实施适当的教育是对生命潜能最大限度地激发和补救。

（一）理解苦楚

特殊需要学生的父母，除了承受养育的负担，在面对不确定的未来时，还会有较多的心理压力。教师要沉下心来与家长联系，与家长进行较深入的接触，分配时间和精力，倾听体察家长的苦楚。教师在充分了解学生的家庭结构、生活环境、家庭氛围的情况下，判断家长的教育观念，了解家庭对学生的期许，分析家长的痛点与疑惑。教师通过与家长的沟通，了解学生身心障碍情况与程度、生活能力与习惯、学习水平与兴趣爱好等。教师一旦熟悉了学生的家庭，就能从学生每天的生活中找到相对适当的指导学生发展的契机和指导家庭教育的着眼点,这些有助于教师反思和调整以往对学生不大合乎实际的要求与做法。教师走进家庭,打开家长的心扉,取得学生的爱戴和信任,有利于与家长、学生建立良好的关系,为给学生和家庭提供有针对性的、个别辅导式的教育打下基础。

(二)角色认同

教师要引导家长发自内心地认同自己是特殊需要学生人生之路的领路者和第一位老师,教师是服务于家长,与家长共同教育学生的合作伙伴,家庭教育比学校教育具有更广阔的教育范围和更丰富的教育内容,且具有终身性,家庭对子女的影响决定了学生的性格与能力。教师要激发家长的参与动机,帮助家长客观地认识自己的孩子,建立恰当的期望值,过高或过低的期望值都会给学生和家庭带来阻碍。教师要与家长沟通学校的办学理念,说明为特殊需要学生进入普通班级学习所提供的各种支持与服务,说明班级学生及其家长对特殊需要学生的包容,让家长有兴趣参加学校的各种活动,主动争取和配合特殊教育服务,帮助家长意识到父母教养子女是天职,愿意主动承担教养的义务。

(三)任务担当

教师要教会家长养育方法。教师要引导家长弄清障碍对特殊需要学生成长发育的影响,理性地分析学生所遇到的困境,认识到学生现阶段的发展水平和特殊教育需求,与教师一起为学生拟订个别化教育计划。教师要教会家长利用家庭这一天然的教育场所,利用其中的各种条件，帮助特殊需要学生身心康复、培养良好的情感、习得社会技能。教师要引导家长明确家庭教育的阶段性任务，理性施爱，提供良好的家庭学习环境。教师要特别关注家长在家庭教育中遇到的问题，指导家长使用与学校教育一致的原则施教。家长需要了解学生的感受和情绪状态，及时肯定和鼓励学生，对学生充满期待，营造良好的家庭氛围。在学生遇到交往问题时，家长需要在自然环境下模拟相应的场景，为学生做出示范，以减少学生的困惑和烦恼。在日常生活中，家长需要多点耐心与细心，完全接纳学生。家长需要记得，不管自己的孩子与其他孩子有什么不一样，都同样有权利生活得有尊严，享受其他孩子所拥有的一切。所以，家长不仅是学生的父母，还要做学生的老师，更可以当学生的玩伴。家长要经常尝试带着学生与人交往，在交往中学习和进步。只有自己先勇敢地走出去，才有可能得到其他人和社会的接纳。

（四）策略适当

在合作方式上，教师可以从教育的实效性出发，为特殊需要学生家长提供多样化、便利化的参与方式，让家长选择最适合、最方便的方式（如电话、短信、微信、电子邮件、公众号等）参与学校活动。比如，学校可以将家长讲座转变为在线讲座或者微课程，让家长根据自己的时间和关注的主题，选择适合的学习内容；学校也可以在微信群、公众号中分享家庭教育的小贴士等，让家长及时获得所需要的相关信息。

三、与普通学生家长的合作策略

在与普通学生家长合作时,教师需要理解家长对教师的期待和一般诉求。若不能体会家长的需要,只从自己的分析出发,这样的合作只能是缘木求鱼。若能找到家长的需求,家长自然会乐于合作。让普通学生家长接受融合教育理念,接纳特殊需要学生,是融合教育得以实施的重要条件。

(一)消除家长的担心和顾虑

普通学生家长对融合教育的接受有一个过程。针对普通学生家长对融合教育的担心,教师要把工作做在前面。教师可以提前与班级所有家长沟通所有学生的基本情况,而不是等到有问题发生时才去沟通。教师要加大对融合教育的宣传,要通过教师身体力行的教育行为,让家长看到融合教育在自己孩子身上和多数学生身上的积极影响。教师要帮助家长排解顾虑,有些家长担心融合教育影响普通学生的学习质量,有些家长担心自己的孩子与特殊需要学生的互动会产生冲突,有些家长担心教师精力不足,有时会照顾不到自己的孩子等。家长的担心是有道理的,这正是融合性班级建设过程中要解决的问题。针对这样的顾虑,教师在与家长讨论时,切忌以专家身份去分析、寻找解决办法,而是要从相互尊重、体谅出发,将对峙变成合作,尝试将家长当成朋友来看待。首先表达自己对家长担心和焦虑的理解,并告诉家长,学校就像一个小社会,学生长大以后进入了社会,一样要面对这些问题,若在学校里面就有这些状况发生，我们反而有机会教育他、帮助他。如果我们用积极的心态去看待状况，就会发现，状况越多，思考越多，解决问题的办法也会越多。

（二）多种方式促进家长参与

建议教师有组织、有目的地听取家长的意见和诉求，更加准确地理解家长的想法，分析其合理性和可接受性。建议教师与家长坦诚沟通，积极争取家长的支持与合作，视普通学生家长为融合教育重要的人力资源和合作伙伴，共同分担融合性班级的某些教育管理工作。

建议教师与家长共同商讨融合性班级的建设工作中的某些问题，如怎样让家长知道融合教育的意义和做法；怎样让家长看到学生在融合教育中的各种进步；怎样让家长感受到优良的班风和每个学生的精神面貌；怎样解决融合教育中遇到的具体问题等。

建议教师定期把学生家长请到学校，参加班级开放日活动或课堂开放日活动，观摩课堂教学，理解融合性班级的教学特点，参加学生的课外活动，观察和了解学校中学生之间的交往情况，用直观的体验逐渐消除家长的顾虑。

在条件允许的情况下，建议教师动员具有某种技能和经验的家长成为学校的助理教师、志愿者教师，邀请这些家长来学校观摩，让家长一起观察学生，给家长提供一些简单的策略方法，协助学校教师，承担助教、志愿者工作，并在家长提供志愿者、助教服务后，及时与家长取得联系，表达感谢，让家长觉得自己的工作是有价值的，并征询家长对于学校和教学工作的意见。

教师在与家长合作的过程中，切忌单方面地教诲，切忌说大话，讲空道理，应从相互尊重、体谅出发，以磨合尝试的态度，争取让每一位家长更加理解学校工作，争取家长的主动参与，且在实际接触中更加接纳和尊重学生的差异性。

> 【提要】
>
> 　　建立融合性班级的家长合作关系涉及普通学生家长和特殊需要学生家长，除了坚持以信任为根基的沟通、尊重与专业素养的原则之外，还需要教师与家长共情，理解家长的担心与期待，在面向全体家长之外针对不同群体的需求给予特别的支持。

第五章　相伴——与特殊需要学生共同成长

前四章围绕融合教育中的学生、学校和班级讲述了学校管理者和教师关心的问题。读完后，你或许会说："这些我都了解，也做了很多尝试，只是没有这么细致而已。"是的，满足个性化需求的教育服务正是教育的精准化，是以学生为中心的具体体现，也是教师能力的体现。本章的作用是帮助作为普通学校教师的你增长功力，成长为能够处理教育中各种疑难杂症的精英级教师。

本章有两个主要内容，第一节为如何借助评估看清学生的问题，讲述评估的作用和意义，并介绍了常见的特殊教育评估。掌握这些可以让你对复杂难懂的评估和评估报告心中有数，在向教师和家长提出建议的时候更加专业。第二节从令人头疼的情绪和行为问题入手，与你一起破解行为问题的意义、产生的原因，并为你提供干预和处理的建议。

【本章重点】
1. 教育评估的目标和功能是什么？教师日常工作中的评估有哪些？你在实践工作中会应用到哪些特殊教育评估？
2. 行为问题是否存在合理性，产生的原因有哪些？
3. 行为问题的处理方法和策略有哪些？

第一节　初步了解特殊教育评估

【案例：问题背后的原因】

詹老师班上的小阮是个白白净净的小姑娘，今年上一年级，从来不惹祸，是个听话的孩子，但她的学习没少让詹老师费心。小阮看上去听课很认真，可就是记不住，讲了很多遍的问题还会出错。家长也疑惑，好好的孩子到底怎么了？资源教室对小阮做了初步筛查，认为小阮与同龄人在学习能力、人际沟通、生活自理方面都存在一定的差距。直到医学机构给出"智力发育迟缓"的鉴定结果，詹老师才明白小阮为什么听讲、做练习那么认真，结果却差强人意。随着关注的增加，詹老师发现操作体验感悟的方式有利于小阮对学习内容的理解，于是在教学中为小阮提供了相应的支持。她说："老师走对路，学生才能学会。"你有没有走错路、事倍功半的经历呢？

评估是一个很宽泛的概念，在一般的学校工作中会经常用到，比如，为了摸清教育起点，教师会在授课前请学生汇报预习题目，了解学生对新授内容的理解和掌握情况；为了监控教育教学过程，教师会在课堂中穿插不同形式的检测环节，以了解各环节的学习效果；为了筛查特殊需求，教师会收集学生日常学习、与同伴交往的材料，还会向家长了解学生在家的饮食、睡眠、生活习惯等信息。那么，有哪些评估可以帮助教师看清特殊需要学生呢？

一、特殊教育评估的目标与前提

很多普通教师可能都会遇到和詹老师一样的问题。资源教室的初步筛查及后续的医学鉴定可以让教师看清楚学生的现状，詹老师根据评估结果所做的调整在一定程度上减少了小阮所面对的障碍，这样的评估以及后续的干预对学生和教师都是有意义的。

当代国际倡导的特殊教育评估以循证为取向、以促进预防与早期干预为目标。这也是非常重要的特殊教育评估的前提，即确保特殊教育评估与鉴定开展的目的是为了帮助学生获得进步而非给学生过去的失败贴标签。此外，开展特殊教育评估，还应满足两个重要条件。

首先，确保学生在普通教育教学中得到充分的支持。教师在组织一场针对疑似特殊需要学生的筛查前，应当反思学校教育教学的影响，排除那些由于教学方式不当、学习动机不足造成的"与众不同"的学生，也需要排除那些受到家庭社会经济地位、家庭文化背景等方面消极影响的学生。

其次，评估过程中确保基于学生的实际表现。评估中需要了解学生学习、心理和行为表现的大量信息，以及学生成长发育史和受教育史。这些材料和相关信息的获取无疑需要你、其他教师以及家长的支持。如果你正在组织一次针对一名疑似学习障碍儿童的筛查，你需要关注学生识字、阅读、书写、数学计算、概念理解、推理等方面的表现，还需要将该学生的情况与班级中的普通学生的情况进行对比分析。

二、特殊教育评估的意义

评估是干预的基础，有意义的教育评估应当是一个循环往复、周而复始的递进过程，在"假设—求证—结论—策略计划—改进—再评价"的过程中，不断推动特殊需要学生的进步。

有些家长因为担心给学生贴标签而拒绝医学诊断性的评估，他们没有意识到医学鉴定的意义，如医生对小阮的诊断结果为"智力发育迟缓"，这就解释了小阮与同龄人出现落差的原因，而且为教师的教育教学提供了依据。除了医学鉴定，教师和学校还可以为特殊需要学生提供一些基础的校本评估。校本评估主要关注学生的身体感官与运动能力、沟通能力、情绪与行为问题、学习参与度等现状，参照评估结果调整教育教学，有助于帮助学生、家长和教师看到学生的优势与进步，找到信心和出路。

有意义的教育评估包含了多种功能，但从根本上看，旨在通过评估有针对性地采取环境调整、个体行为指导、医学干预等措施，为特殊需要学生提供适切的教育支持，帮助他们更大程度地融入教育环境并参与学习和生活，从中获得参与感、归属感和成就感。

三、特殊教育评估的功能

传统狭义的特殊教育评估一般指鉴别出特殊教育的服务对象；广义的特殊教育评估则包括了宏观至微观多层次的服务，评估的功能和带来的服务包括以下六项。

第一，以筛查学生特殊需要为目的的评估。如确定在集体教育教学之外，学生需要哪些额外关注。这样的评估通常由教师在日常教育教学中通过观察、记录等方式进行。不论是在校园中还是在外出实践中，教师总是能在适当的时候关注那些该关注的学生。当然，教师也会收集更多的细节和信息，以便详细地了解那些与同龄人落差大的学生，将他们视为疑似特殊需要学生，给予更多额外的关注。

第二，以科学分类和鉴定特殊需要学生类型为目的的评估。这类评估需要使用专业的评估工具，如测验、量表，甚至需要使用医学仪器，由具有资质的单位及评估人员实施。在筛查发现疑似特殊需要学生后，评估者经常对这些学生进行面对面的观察与记录，请家长或教师参与相关量表填写和访谈，甚至还需请学生完成相关能力测验、血液检查、核磁等医学检查项目。通过这些评估能够得到更加详细与确切的结果。科学分类和鉴定特殊需要学生类型的评估可以诊断出学生的障碍类型和程度，还能了解学生在不同能力维度上达到的水平，以便更好地了解他们的优势和局限性。

第三，以提供安置建议为目的的评估。这类评估更加突出供需匹配，其作用如学校足球队在组建时进行的相应测试，确定谁更适合踢前锋、谁更适合当后卫，为编队提供依据。同样，此处评估的意义也并非为了一比高下，而是为了帮助特殊需要学生获得更适切的教育和更精准的服务。这里所提的特殊需要学生的安置，主要指是否有必要使用资源教室，是否有必要由校外特殊教育专业服务资源或医疗资源为学生提供额外的支持。

第四，以特殊需要学生的个别化教育计划拟订为目的的评估。这类评估在日常教学中经常会遇到，如发现某个学生阅读量不足后，教师会了解他的阅读书目、阅读习惯等，针对实际提出关于亲子阅读的建议。这样的评估突出了摸清教育起点的作用。对学生行为问题的分析和干预措施的选择，以及在现有学业基础上提供改进方案等都属于这类评估。以个别化教育计划拟订为目标的评估往往更细致，通常关注身体感官与运动能力、认知能力、语言与沟通能力、情绪与行为问题、学习参与度等方面。

第五，针对特殊需要学生教育教学过程的评估。这样的评估最突出的代表是对学生的成长评估，如行为习惯、道德品质、学业成绩。案例中詹老师起初认为小阮的学习态度很认真，而效果差强人意，后来总结出体验感悟的学习方式更适合小阮。呈现出詹老师对小阮日常学习过程和结果的评价。特殊教育评估中还涉及针对个别化教育计划具体实施的过程性评价，如阅读能力训练的阶段进展，这种评估可以反思训练方法的有效性，以调整训练方案。正如学业目标检测不仅会有专门的测试题目，还会匹配相应的标准，教师可以在检测结果的分析中，了解哪些学生的阅读理解达到优秀，哪些学生还没有达到应有的标准。

第六，以促进特殊需要学生升学为目标的评估。这样的评估最具代表性的是小学毕业测试、中考和高考。符合条件的特殊需要学生，不仅可以参加每年的全国统一高考，依法享受高考过程中的合理便利政策，还能够享受"单考单招"政策。

上述所提六项既是特殊教育评估的功能，也是特殊教育评估服务的范围。根据目的不同，特殊教育评估发挥了不同的功能，在评估中使用不同的方法和工具，并且对评估者提出不同的要求。毫无疑问，任何一名特殊需要学生在接受教育的过程中均需要上述几项甚至全部六项的评估，所以，教师也必然需要了解特殊教育评估，并且在特殊教育评估过程中发挥不可替代的作用。

第二节　从哪些方面评估学生

一、智力评估

（一）智力和智力障碍

家长经常会说："我的孩子并不聪明，但是很踏实、很勤奋。"其中"并不聪明"很大程度指向学生的智商。当"不聪明"程度与同龄人的落差超出一定范围，就有可能是"发育落后""发育迟滞""智力障碍"等。

智力是什么？从 19 世纪末起心理学家们就开始关注智力，但至今依然在这一概念上未达成一致。当前主流观点认为，智力不仅仅是思维能力、学习能力、适应能力，更是一种综合能力。

智力障碍是一种常见的认知障碍，智力障碍指的是个人的智力发展较同年龄者明显迟缓，且在学习及社会适应方面表现出显著困难。目前，国际普遍的认识是只有智力和社会适应能力两方面同时落后才能被判定为智力障碍。

一般来说，轻度智力障碍学生会表现出学习和沟通问题，重度智力障碍学生则会表现出自我照顾、动作、社会适应或生理等多重问题。需要注意的是，智力障碍并不是学习和适应问题的唯一原因，即某个学生的学习和社会适应能力与班级内同龄人的落差过大时，不能简单将其定义为智商低，还需要考量学生的家庭环境、学校环境等是否存在不利于其发展的因素，落差是暂时的还是长期存在的。即便是鉴定为智力障碍的学生，也不代表他们停止了成长，这只是表示他们需要的时间更多，面对的困难也更大。智力障碍学生也在每时每刻的学习中积累，教师的引导和帮助对他们格外重要，每位教师都要懂得当你放弃教导时，放弃的不仅仅是眼下的一道题或一篇课文，而是学生为未来所做的储备。

（二）智力评估的主要内容

智力理论是智力评估的基础，随着智力理论的发展，智力评估的内容也在发展。智力评估需采用标准化测验形式，即测验内容、测验方式、测验过程、计分方式、结果解释方式都是标准化的，以求最客观地反映被评估儿童的状况。

韦氏智力测验是当前世界范围内非常重要的标准化智力评估工具之一，已经发展出第五版，分成幼儿版、儿童版和成人版三套测验。随着当代智力理论的发展，韦氏测验工具也在与时俱进，韦氏量表儿童版（以下称为韦氏儿童智力量表）的第一、二、三版只考察言语智商和操作智商两个方面，但在第五版中考察了言语理解、视觉空间、流体推理、工作记忆和加工速度五大智商指数，评估内容的划分与当前智力研究的最新成果对应。目前，我国大陆地区面向 6～16 岁儿童少年使用的是韦氏儿童智力量表第四版（WISC-IV）中文版，评估内容包括言语理解、知觉推理、工作记忆和加工速度四个方面。

除韦氏智力测验外，常见的智力评估工具还有比奈智力测验、瑞文推理测验等。其中，瑞文推理测验分成瑞文幼儿推理测验、瑞文标准推理测验和瑞文高级推理测验三种。

智力评估是鉴定儿童智力发展的重要方式，但不同智力测验工具评估的结果可能会存在差异，并且测验环境、测试时长、儿童情绪状态等原因也可能影响测验的结果，因此，基于单次智力评估结果鉴定特殊需要学生的做法应当谨慎。

二、适应行为能力评估

（一）社会适应能力与适应行为问题

社会适应能力（适应行为）是指学生保持个体独立和承担社会责任的能力，是其适应不断变化的自然环境和社会环境的能力。主要包含感觉运动技能、沟通技能、生活自理能力、学习能力、对周围环境的推理判断能力及参加集体活动时的人际关系处理能力等内容。

社会适应是一项重要的技能，学生从幼儿园进入小学时能否尽快适应环境、和同学打成一片，能否受欢迎等，对学生特别是特殊需要学生尤为重要。有些学生就面临着社会适应能力不足带来的挑战。

适应行为在评估实践中经常被学校老师和家长忽视。事实上，社会适应能力被看作特殊需要学生鉴定的重要指标。国际上采用较多的适应行为量表有文兰适应行为量表、AAMR 适应行为量表（AAMR Adaptive Behavior Scales，简称 ABS）、康纳斯行为评定量表（Conners' Rating Scales，简称 CRS）等。

（二）适应行为评估的主要内容

2002 年，美国智力落后学会提出了适应行为应包括三方面的内容：

- 概念性技能：包括语言的理解和表达、钱的概念、自我定向等。
- 社会性技能：包括处理人际关系、责任心、自尊、遵守规则、服从法律、自我保护等。
- 实践性技能：包括个人日常生活技能和职业技能，如吃饭、穿衣、如厕、使用交通工具等。

在这一理念框架下，哈里森和奥克兰建立的适应行为评估系统（ABAS）提出了沟通、社区应用、学习功能、居家生活/学校生活、健康与安全、社交和工作（或动作技能）等10方面评估的内容。

适应行为能力量表学校版（ABS-SE）第一部分包括评估动作发展、语言发展、生活自理能力、居家与工作能力、社会化管理等6个方面内容；第二部分包括评估攻击行为、反社会行为、对抗行为、不可信赖行为、退缩行为、刻板与自伤行为等13个方面不良的适应行为。这一量表不仅可作为鉴定智力障碍儿童的工具，并且可以作为干预训练前基线能力评估工具。量表具体题目和具体计分方式通过一些相关书籍如《特殊儿童心理评估》可获得。

适应行为测试结果的解释要与同龄学生比较。因为随着年龄的增长适应行为会变得越来越复杂，所以对不同年龄阶段的学生要有不同的适应行为要求。还需要注意的是，学生的生长环境、生活条件和其他因素都有可能对其适应行为造成影响，科学的社会适应能力评估需要结合多方面因素。

在有情绪和行为问题的学生中，智力正常但适应行为表现不佳的个案较为常见。如果一名学生的智力与其他同学无异，但社会适应方面与众不同，可以尝试用上述提到的适应行为量表对其进行评估，或者采取下列方法进行评估：通过观察、与学生沟通，了解学生情绪、学生学校生活和家庭生活、与同伴交往的情况和学生感受；通过与家长沟通了解学生家庭养育情况、个人生长史、疾病史、受教育史的情况。如果根据各种方法评估的结果均显示学生适应行为方面出现了非常大的偏差，则需要提醒家长通过专业的机构进行更准确的评估。

三、学习能力评估

(一) 学习能力和学习障碍

学习能力指学生运用智力和已有经验,高效掌握学习材料并达到预定学习效果的能力。与智力这一抽象思维能力不同,学生的学习能力是指向学习材料的,涉及听、说、读、写、算等具体的能力。

《精神障碍诊断与统计手册(第 5 版)》指出,在学习和运用学术技能方面有显著困难,在提供针对其困难的干预措施的情况下,仍然至少存在以下任何一个症状且持续六个月以上者,才能被鉴定为学习障碍:不准确或缓慢且吃力地进行单词阅读(识字);难以理解所读/看的内容含义(阅读理解);拼写困难(书写);书面表达困难(写作);难以掌握数字感,数字识别或计算、数学推理方面存在困难(数学)。对学习障碍者来说,学习的困难开始于学龄期,但直到学业要求超过个体能力限度时,才会完全表现出来。以上信息说明,存在学习障碍的儿童的表现有所不同,一名特殊需要学生可能存在一方面或多方面的学习障碍特征;即使两名学习障碍学生的障碍表现相同或类似,产生障碍的原因亦可能不相同。

(二) 学习能力评估的主要内容

评估学习障碍是一件复杂的事情。只有排除了智力障碍、听觉和视觉等感官问题,排除情绪和人格问题、家庭养育劣势、文化不利或教育教学不充分的影响后,才能开始对学生学习技能本身进行评估。学习问题的评估有两条线索:一是通过评估学生学习技能了解学生的学习情况；二是通过评估学生学习心理和学习特质了解学习困难产生的原因。

基于真实过程的生态评估在学习障碍评估中最为常见。当你试图对班上一名疑似在语文方面有学习障碍的学生进行筛查时，首先可能要详细地了解学生的语文学业技能表现，如学生的日常作业与考试试卷；抄写、默写、听写情境下的字词识别和拼写情况；学生阅读一段材料的准确率和流畅性；学生对阅读材料的理解。大量的材料分析，能够帮助教师更真实地了解学生学习技能和学习成绩。接下来，可能需要更专业的评估者帮助你一起对学生的知觉—动作统合、注意力、记忆、自我监控等方面开展评估，以便针对学生语文学业技能中的缺陷进行原因分析。

学习能力评估中，也需要使用视知觉评估工具。较新的方法是使用发育性眼动评估量表（Developmental Eye Movement test，DEM），评估眼球运动控制与快速自动命名能力的视知觉和言语能力。这一量表多为眼科医生结合视力测试使用，作为筛查工具识别处于阶段阅读能力较低的学生。

（三）RTI：一种评估与干预结合的新型模式

干预—反应模式（Response to Intervention，简称 RTI 模式）是当前国际较流行的一种学业评估与干预合并的方法。它不仅能够鉴定学习上有特殊需要的学生，还可以应用在普通教育中以解决学生的学业问题。这一评估模式的特征是通过多元评估方法进行循证决策、分层干预、持续监控，鉴别儿童对分层干预的反应和进步。

RTI模式是应用在普通学校中,由教师对学生教育需要进行响应的三层级干预系统构成。如果将特殊教育引入RTI模式中,则属于干预的第四层级。普通学校环境内实施的三层干预具体为:第一层级为面向普通教室中的所有儿童进行集中教学,通常采用基于课程的标准化测试(Curriculum-Based measurement,简称CBM)筛查全体学生的学业能力,并针对连续5~8周都未能达到标准的学生调整教学。那些在第一层级的干预中对教学及教学调整没有做出足够反应的学生则进入第二层级的更加密集、有强度和有针对性的干预中。在第二层级干预中,教师以小组为单位进行教学,教师根据学生特定的学习缺陷为他们提供所需的知识与技能教学。在这个阶段,学校会专门成立包括普通教师、特殊教师、心理学专家、语言学专家在内的RTI小组,对学生进行评估并制定出更有效的干预方案,指导普通教师在教学中实施干预。第三层级则面向在第二层级中仍未做出足够反应的学生,并为其提供小组辅导或个别指导,这一层级会结合学生的实际情况和需要提供更高强度和更加有针对性的干预,主要由RTI小组负责并实施。直至第三层级干预失败后,特殊需要学生才被转介到更专业的特殊教育部门。

RTI模式始用于学习障碍学生评估,但作用已经扩展到情绪行为问题和危机处理中。这一模式的深入发展,对当前国内普通中小学校发展融合教育颇有借鉴价值。

一是展现了普通学校在融合教育工作中的担当,有效解答了当前很多学校面临的"特殊需要学生在学校接受教育是谁的责任"这个棘手问题。传统上认为，特殊需要学生是某一类教师（如特殊学校教师、普通学校资源教师）的责任，RTI模式的成功打破了这一隔阂，当所有教师都被要求在干预过程中承担责任的时候，每位教师都会积极投入支持特殊需要学生的行动当中，进而在理念上认同特殊需要学生不是"我/你/他/她的孩子"而是"我们共同的学生"。这有助于融合性学校的理念扎根学校，确保每名特殊需要学生在被转介到特殊教育部门之前已经得到普通教育最大程度的支持。

二是明确普通教育教师和特殊教育教师在不同层级干预中的具体分工，并不断优化教师的行动过程。在每个层级中，实施干预的教师都有权利根据评估结果提出干预计划、落实和调整干预方式，并在实施无效的情况下得到上一层级干预团队的支持，且能在上一层级干预团队中发挥实际作用和持续参与行动。因此，当某一种方法在第三层级环境中对特殊需要学生学习产生效果时，第二层级的干预教师就容易了解到积极改变是如何发生的，也能在探索如何将有效方法和策略使用到本层级的过程中得到团队支持。

三是坚持全程评估。评估是干预的基础，缺乏评估的干预必然存在精准性不足的问题，因此，在每一层级都进行干预前评估、结果评估和过程监控。使用的评估工具、评估方法、评价标准、评估人员都事先规划，且得到实施干预工作的教师群体认同和理解，此外，评估后均会对评估结果进行及时总结和反馈，根据实际情况调整和优化干预过程。

虽然RTI模式在我国本土的发展处于起步阶段，但这一模式倡导的普通学校主动担当、全员参与、分工与责任、评估与干预紧密结合、分层级支持的理念和行动,在对学习障碍学生进行教学调整、对情绪行为问题学生进行积极支持、对教师培训进行创新和建设融合性学校等话题中均给予我们诸多有益的启示,值得教育实践工作者共同探索。

四、言语和语言能力评估

(一)言语和语言障碍

提到常见的言语和语言障碍,大多数人首先想到的可能是口吃,殊不知言语和语言障碍还有很多症状。有些学生在日常交流中没有口吃的症状,他们的问题更多表现在阅读和理解中。大多听力障碍、智力障碍、学习障碍和孤独症学生,存在不同程度的言语或语言障碍。那么,什么是言语和语言障碍呢?

美国言语语言听力学会(American Speechlanguage-Hearing Assosiation, ASHA)将语言障碍定义为个体在运用语言的过程中所表现出来的语言学知识系统达不到其年龄阶段应达到的标准的情况。语言障碍包括个体在语言表达和语言理解方面的缺陷。当前对言语和语言障碍的分类方法有很多,一种分类方式是根据语言结构要素将该障碍分为语音障碍、词态与句法障碍、语义障碍、语用障碍;另一种分类根据语言表达异常的类型将该障碍细分为发音障碍(如增音、漏音等)、声音障碍(如音高、音质、音量方面的异常等)、流畅性障碍（如口吃等）、运动—言语障碍（如脑瘫、神经性失语症等）。

（二）言语和语言能力评估的主要内容

当前对言语和语言能力的评估主要针对语言相关的身体结构、功能、活动参与方面进行。

在语言相关的身体结构方面，主要依靠各类医学影像设备、核磁设备等相关仪器，评估内容涉及与口语理解和表达相关的生理结构。其中，与口语理解相关的结构包括外耳、中耳、内耳、听神经、听理解中枢等；与口语表达相关的结构包括语言表达中枢、呼吸系统、发声系统、构音系统等。

在语言相关的身体功能方面，除语言精神功能外，还应综合考察学生的听功能、视功能、言语功能以及认知功能。在这一方面的评估除了依然靠医学设备，如脑电等生理检查相关设备，也依靠行为测试或问卷调查的方法考查学生与语言相关的身体功能，如用儿童语言发展快速筛查表评估学生的语言精神功能，用幼儿听觉发展问卷（littlEARS auditory questionnaire, LEAQ）、中国聋儿听力语言康复评估系统等量表评估听功能，用 LEA-SCREENER 图形视力表等评估视觉功能，用韦氏幼儿智力量表和韦氏儿童智力量表等评估认知功能。

在语言活动参与方面，目前使用较多的评估工具如语言发育迟缓评价法（Sign-Significate Relations, S-S），主要用于 1.5~6 岁及语言发育水平处于婴幼儿阶段的儿童；语言行为里程碑评估及安置程序（Verbal Behavior Milestones Assessment and Placement Program,

VB-MAPP）主要用于孤独症谱系儿童语言评估，既是一套评估工具也是一套干预指导方法；学前儿童语言障碍评量表（The Preschool Children Language Barrier Rating Scale）主要用于评估3~5岁学前阶段儿童口语理解和语言表达及构音、语言流畅性；皮博迪图片词汇测验（Peabody Picture Vocabulary Test，PPVT-IV）用于3~18岁儿童、少年的接受性语言（主要是词语）发展状况的评估。

五、知觉和动作能力评估

（一）知觉和动作能力

在学生的日常学习和生活中，经常用到多方面的感知觉和动作技能，感知觉和动作技能缺陷给学生的学习和生活带来了很大困难，影响了学生的能力发挥，也直接影响了受教育的质量。因此，作为教师有必要了解什么是感知觉和动作。

感知觉能力是感觉和知觉的统称和简称。感觉是我们认识事物的简单属性的方法，知觉则是感官将信息输入大脑后，对信息加工整合实现对事物的整体认知的过程。以认识红苹果和黄柠檬举例。在这个过程中，我们依靠视觉辨别红色和黄色，依靠味觉体会苹果的甜味和柠檬的酸味，依靠身体其他感觉了解这两种水果的重量、光滑程度和软硬程度。以上这些都是感觉在起作用。当大脑将感觉到的信息进行加工整合，形成对苹果和柠檬的整体认知，我们才能最终将苹果和其他红色的东西（如红辣椒、西红柿）、将柠檬和其他黄色的东西（如黄气球、哈密瓜）进行区分。在这一环节中，是我们的知觉在发生作用。

在感觉方面，特殊需要学生常见的感觉问题是对外界刺激的接收过于迟钝或过于敏锐，如在声音、光线、温度、触压、气味、味道、疼痛、自身等的感受方面异于同龄学生，有这方面障碍的学生可能有以下一种或几种表现：说话声音忽高忽低、与同学握手时不知轻重、极度喜欢拥抱、反应慢、动作不协调、身体流血却未感到疼痛、走路摇摇晃晃。在知觉方面，学生最重要的知觉包括视知觉、听知觉和这两种知觉之间的转换，以及这两种知觉与动作之间的转换。视知觉异常、听知觉异常以及知觉间转换异常也较多见。

（二）知觉和动作能力评估的主要内容

在实际教育评估中，基于学生的学习情况，一般着重评估学生的视知觉和听知觉两方面。在教室集体授课环境下，学生不听指令是教师经常遇到的问题。在排除学生适应期以及对教学内容、教师的偏好后，下一步可以了解该学生经常不遵守教师发出的哪一类指令。如"看黑板""听老师说"这些指令主要涉及学生的视知觉、听知觉和注意力问题，而"一边看/听，一边写/读/做"，这些指令涉及学生的视知觉、听知觉、语言和动作之间的转换，需要评估的内容就更多。

感觉统合评估和知觉—动作评估是这一领域评估常见的方法。

感觉统合评估。"感觉统合"这一概念起源于美国。将人的感觉发展分为四个阶段：在3岁前（第一阶段）发展触觉、本体觉和前庭觉为主的最基本感觉系统；3～7岁（第二阶段）主要发展第一阶段提到的感觉系统，以及其与视觉、听觉、躯体运动的协调关系、注意力及语言；7岁至青春期（第三阶段）主要在第一、二阶段感觉统合发展的基础上发展各种复杂动作，完成与知觉相关的统合；青春期后（第四阶段）获得全脑统合发展。在每个年龄段如果达不到统合的标准就会出现感统失调。我国当前使用最多的感统评估工具是台湾地区郑信雄编写的《儿童感觉统合能力发展评定量表》（Children Sensory Integration Rating Scale, CSIRS），该量表针对6～11岁的儿童，评估四大感统问题：大运动失衡、触觉过分防御、本体感失调、学习能力不足。

知觉—动作评估。以知觉—动作为核心的评估和学习适应训练方法，是伴随对感知觉与运动康复技术的研究深入出现的，是一种实践方法。这一方法的核心技术来源是台湾地区康复师叶仓甫创设的物理治疗神经平衡疗法，主张依靠整合适宜的学科教材、教具，使学生获得灵活的身心机能以提升对周围环境的适应能力和学习能力。评估工具主要是重庆江津向阳儿童发展中心编制的《知觉动作评量表（特教版）》，针对在学校接受教育的特殊需要学生评估包括跪、坐、走结合的多种形态共计12个项目的知觉—动作能力。

其他知觉能力评估和动作能力评估的工具。在这一领域，可以借鉴北京师范大学胡晓毅和刘艳虹在《学龄孤独症儿童教育评估指南》一书中编制的感知觉能力和运动能力的综合评估工具。作者在书中提到感知觉评估内容应包括：视觉、听觉、痛觉、触压觉、温度觉、嗅觉、味觉、前庭觉、本体觉、皮层觉和通感 11 个方面；提到运动领域评估包括姿势、上肢、躯干、下肢、平衡和协调 6 个方面。

单一视知觉评估方面，使用范围较广的是视知觉发展测验（Developmental Test of Visual Perception，简称 DTVP）。这是一种视觉感知发育测试，是测量幼儿感知觉发展的一套纸笔测验，适合的评估对象为 4~12 岁儿童，评估包括五个领域：手眼协调、临摹、图案—背景、视觉填充、图形恒定性。

发育性眼动评估量表（Developmental Eye Movement Test，DEM）是医学评估视知觉能力的一种常用量表，通过眼球运动控制和快速自动命名活动，评估学生的视知觉能力以及将视知觉能力转化成言语表达的能力。

单一运动能力评估方面，布鲁氏动作能力测验（Bruininks-Oseretsky Test of Motor Proficiency，BOTMP）的使用对象为 4~21 岁儿童、少年，评估内容包括粗大动作在内的 4 类动作：手部精细动作控制能力、手部协调能力、身体协调能力、速度及敏捷。

六、行为问题评估

（一）行为问题

当你判断一个行为是否称之为问题行为时，需要从以下四点去审视：一是行为本身是否符合个体年龄、性别和发展程度；二是行为发生的时间、地点与环境是否匹配；三是个体所属文化中的重要他人对此行为是否产生负面看法；四是行为对个体自身和环境中的他人是否造成伤害或困扰。比如，同样是尖叫，一个成年人在蹦极时吓得尖叫和一名学生抵触上学而尖叫是完全不同的。

行为问题有各种表现，但攻击行为、自伤行为、刻板行为，以及不当行为被普遍认为是特殊需要学生在校园和教室中出现最多的行为问题。

攻击行为主要指攻击他人的行为，分为直接攻击和间接攻击。直接攻击表现为用物品攻击他人或用身体动作对他人发起攻击；间接攻击主要表现为破坏别人的物品或用语言攻击他人。如当一个学生威胁另外一个学生"你再不给我，我就对你不客气了！"这无疑就是语言攻击的表现。

自伤行为即自我攻击行为，如咬手、掐手等伤害自己身体某些部位的行为，用身体撞击墙、地板等硬物的行为，或用刀片、针筒等利器伤害自己的行为。

刻板行为很容易被观察到。有刻板行为的特殊需要学生倾向于采用墨守成规、僵化刻板的方式处理和应对日常生活，表现为：沉湎于一种或多种僵化、狭窄的兴趣中，如对儿时小枕头的依恋，即使不再适用、破旧不堪，依旧要无时无刻带在身边，睡觉时也要抱在怀中；迷恋某个广告；只用旋转的方式玩瓶盖等。行为方式的刻板表现为：如只坚持走固定路线，只吃某几样食物等。肢体动作的刻板表现为：如重复将手放在眼前抖动和凝视，总是晃动身体等。

声音和语言的刻板表现为：如总是发出某些无意义的声音，或反复重复某些广告词，或者在与人交往时使用固定的词或短语，如见人就问使用什么交通工具，却从不在意别人的否定。

不当行为指个体表现出来的不符合社会期待和规范的行为，包括干扰行为（如随意下座位、随意说话、尖叫、多动等）、道德不当行为（如偷窃、明抢、撒谎等）、拒绝他人合理要求的行为（如直接拒绝、逆反对抗、不理睬等）。

（二）行为问题评估内容

常用的行为问题评估主要是对个体行为的全方位检视。这类评估涉及的内容较多，一般既包括儿童在学校和家中涉及的行为，也涵盖基本的社会行为。不同的行为评估工具呈现不同的结构，常见的评估工具如 Achenbach 儿童行为量表和 Rutter 儿童行为量表便很好地呈现了此类评估内容的共性和差异。

Achenbach 儿童行为量表又称儿童行为清单，简称 CBCL。是由美国心理学家阿肯巴克（Achenbach）以转诊问题儿童和健康儿童之间鉴别点为基础编制而成，测量对象为 4~16 岁儿童，有家长用、教师用和年长儿童自评三个量表，国内主要应用家长用量表。CBCL 主要评估社交能力和行为问题两方面。评估了七大类社交能力，包括参加体育运动情况、课余爱好、参加团体（组织）情况、课余工作或劳动、交友情况、与家人及其他学生相处情况及在校学习情况。得分最终分成儿童活动情况、社会情况及学习情况三大方面的能力。同时评估 113 条行为问题，并将这些题目归为 8~9 个行为问题类型因子，但在 4~5 岁、6~11 岁、12~16 岁三个不同年龄段儿童行为问题类型的因子名称可能会有点差异。

Rutter 儿童行为量表，由英国儿童精神病学专家路特（Rutter）设计，已被广泛用到很多国家的儿童行为问题研究上。量表项目不多，易于掌握。量表分为家长用和教师用两种。分析时将行为问题分为两大类：第一类称为"A 行为"违纪行为型；第二类称为"N 行为"神经症行为型。A 行为包括的项目有：经常破坏自己和别人的东西；经常不听管教；经常说谎；欺负别的儿童；偷东西。N 行为包括的项目有：腹痛、呕吐；经常烦恼，对许多事情感到烦恼；害怕新事物和新环境；到学校就哭或拒绝上学；睡眠障碍。父母版量表有 32 个项目，最高分为 64 分，教师版量表有 26 个项目，最高分为 52 分。

（三）功能性行为评估简介

所谓功能性行为评估，就是确认影响个体特定行为的那些重要的、具有因果性和目的功能性的相关因素的过程[1]。实施功能性评估可以采用多种形式，同时也会有不同的准确水平[2]。有人通过观察不同情境中的不良行为得出结论。有人使用 A-B-C 数据收集表格实施功能性评估，即行为发生的前提／原因（Antecedents）、行为本身（Behaviors）和行为的功能／后果（Consequences）是紧密关联、有

---

[1] 黄伟合，贺荟中.功能性行为评估与干预 [M].北京：华夏出版社，2013 年.
[2] ［美］罗伯特·E.奥尼尔.功能性行为评估及干预实用手册 [M].陈更娟译.北京：华夏出版社，2018 年.

机结合的整体。此外,这一评估方法最重要的观点包括:

第一,应对行为问题,首先要了解行为问题的前因后果。在教育过程中,透过行为因果关系链不仅能看到学生当下身体和心理发展的需要,更有助于我们多维度、深刻地理解行为问题产生的原因——学生身心发展差异、气质差异、特殊需要学生能力缺陷、环境与个体不匹配、人们的认知局限、生态环境影响、互动结果,以及特殊需要学生个体需求满足程度等。

第二,行为问题产生的原因包括背景原因和直接原因两方面。背景原因指的是生理原因、心理原因和环境原因。生理原因包括睡眠不佳、身体过敏、饭食不当、药物副作用等。心理原因要从能力不到位、安全感和归属感不足、错误认知系统、气质类型等方面考虑。环境原因要从空间环境如光线、照明、教室面积、设施便利性等考量,更要关注与儿童相关的家庭中的社会因素,个体与老师、同伴交往情况,课程和活动与个体兴趣和需求适应情况。直接原因是指情绪行为问题产生的导火索。学校中常见的导火索有来自教师的批评、一个有难度或者弄不懂的指令或任务、同伴的不理解或嘲笑、一个喜欢或讨厌的人的出现等。

环境因素中的导火索包括:个体家里出现突发事件;在学校中与教师或同伴发生争吵等引发情绪波动的事件;教学环节沉闷;学习和活动的可参与性不足;生活和学习节奏过快;遇到困难;教学环节转换等。

第三,行为问题的功能。没有无缘无故的行为。任何人的行为都带着其目的，特殊需要学生亦是如此。即便是看似不适当的行为问题也隐藏着相应的功能。行为问题常见的功能包括：获得实质性的东西、获得他人注意、逃避与躲避、感官刺激。教师及家长需通过行为问题诊断的过程，找出学生行为问题功能的关键，并运用有效的策略解决实际困境。以下针对主要造成现场干扰的四项行为问题的功能，分述如下：

获得实质性的东西：当特殊需要学生遇到特定的人、事、物、情境或特定的需求未能获得重视时，产生生理不适与情绪困扰，就会持续要求获得特定的、明确的人、事、物等。

获得他人注意：当特殊需要学生的社会需求未能得到满足、缺乏互动或友谊时，就会以各种行为来获得他人的注意，以寻求关爱和协助。

逃避与躲避：当特殊需要学生遇到困难或有压力的事情时，容易在特定情境下发生情绪行为问题，以逃避特定的人、事、物、环境对其的冲击。

感官刺激：特殊需要学生因为无聊、无人注意或从事一项活动过久，试图通过感官体验（视觉、触觉、听觉、味觉、嗅觉）获得不同的刺激。

第四，行为问题干预策略的选择应基于三点思路：思路一，教师帮助学生改变行为问题发生的前提/原因；思路二，教师教导学生提升自我管理能力，帮助学生发展出能够替代行为问题的积极行为；思路三，教师改变学生行为问题的功能/后果。

（四）行为问题的积极意义

关于行为问题的意义，当前主流观点与过去相比更积极。

1. 行为问题反映学生的需求

特殊需要学生行为问题的出现虽然给自身及周围造成了困扰，但也反映了其在学习和生活中的生理或心理需要。有的学生总是在做眼保健操、上下课的时候怪叫，或许他是想用怪叫来抵消来自广播和铃声带来的不适刺激。有的学生总是抚摸或掐别人的胳膊，或许他是想让别人抚摸或掐自己的胳膊，这样的感官刺激会让他感到舒适，或者是为了获得来自对方的关注。

一些教师在实践中也发现，有些干扰课堂的行为问题与学业不良或学习障碍相关，特殊需要学生感到学业困难、课堂参与度较低或无事可做时最容易出现干扰课堂的行为。另外，在大班额教学条件下，教室环境中的不当刺激以及教师不能对每个人都给予足够的关注也是课堂上干扰行为频繁出现的原因。有些学生还会用不适当的行为表达焦虑，如当教师安排自行朗读课文时，用敲桌子的方式力图阻止嘈杂的读书声。

行为分析尤其是功能性行为评估的观点更倾向于认为，这些行为问题很大程度上是学生试图与周围的教师及同伴进行沟通、寻求理解和支持的方式。行为问题具有沟通功能的观点得到特殊教育研究和实践领域人士的广泛认可。这也是教师理解特殊需要学生的行为问题及其功能和原因，并给予学生积极行为支持的前提条件。

2. 行为问题让教师更了解学生

既然行为具有沟通意义，是不是记住每个行为所表达的意义就可以了解和理解学生的内心？答案是否定的，因为形态相似的行为中可能蕴含着一种或多种功能，如某个学生在课上尖叫了三次，分析发现，第一次是向老师表示期待获得关注，第二次是向提示他做练习的小伙伴表示抗议，第三次是听到下课铃声感到高兴。

同一行为中蕴含的多种功能让行为问题更加耐人寻味，导致同一行为问题的多样性原因也让行为问题变得更加复杂。如同样是离开座位，有的学生是因为学习参与度不高，感到无所事事；有的是坐累了想站起来活动身体；还有的是去把小柜子的门关好。破解行为的功能和原因会带给你挑战和喜悦，你将从中学会揣度人心的本领。

通过关注行为背后的原因和功能，有些教师发现了一个非常有趣的现象，即行为问题数量和种类与学生的障碍程度和需要支持的程度似乎并不成正比。重度的特殊需要学生用一种行为表示多种需求的情况非常常见，相反，轻度特殊需要学生身上出现的行为问题却是五花八门、杂乱无章，认真分析又会发现这些看似没有关联的行为却在表现同一种功能或目的。这并不难理解，比如，如果你的词汇不够丰富，可能会用一个词语表达多个意思，"风景很美""衣服很美""心里觉得很美"……相反，如果你的词汇量充足，就可以用不同的词语表达同一个意思，当然，在此过程中特殊需要学生还会存在语言运用不恰当的问题，行为问题也是如此。

第三节 如何开展评估工作

一、筛查评估的流程和工作重点

在特殊需要学生筛查环节中,班主任、学科教师与资源教师一道,借助一些简单易行的工具和方法,快速地将特殊需要学生与普通学生进行区别。一般来说,当教师发现学生的学习问题或行为问题时,筛查评估工作就开始了。教师需要确认学生的问题,并反思和调整教育教学策略。当教师努力无效后,需和家长开展正式沟通,系统收集学生的资料,并对获得的资料和信息进行整理和分析,得出一个阶段性的评估结论。

普通中小学对疑似特殊需要学生开展筛查评估的流程和重点工作如下图所示。

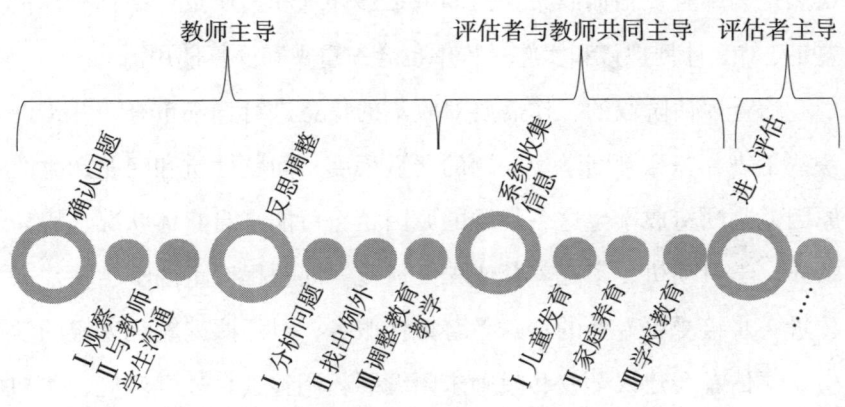

确认问题和反思调整这两个阶段的工作必不可少,目的是确保

特殊需要学生在进入特殊教育评估阶段前已经获得普通教育最大程度的支持，排除因为教学策略不当、学习环境变化、学习内容增加、突发压力等原因对学生造成的困扰。

系统收集信息包括关注被评估学生的自身发育情况、家庭养育和学校教育的状况。可以将这些工作看成是对疑似的特殊需要学生进行一次全方位体检，确保其"病情"不会被误判。需要收集的具体信息包括：遗传情况、生命早期发育状况（出生情况、爬、走、说话及感官等发育情况）、当前身体健康状况、睡眠和饮食习惯、性格特点与偏好、家庭养育过程与亲子关系、本阶段之前受教育状况、本阶段教育中参与学习和学习效果、师生关系、同伴关系等信息。

这一过程需要尽可能地收集详细、高质量的原始信息，这些信息会对筛查评估的结果产生重要的影响。需要指出的是，这些信息虽然是为筛查评估而收集，但如果足够详细和高质量，在日后评估鉴定、IEP 计划拟订和实施过程中也会被重视和反复使用。

筛查评估阶段的工作需要对收集的信息进行详细审查，并借助一些量表，综合判断学生问题的严重程度、问题性质和问题产生的原因，判断造成学生这一问题的原因是否可能来自身体状况、心理认知、学习动机、家庭养育或先天遗传。问题程度重的学生往往需要进一步接受更专业的特殊教育评估服务；对那些问题程度轻的学生，评估者会建议学校和教师未雨绸缪，调整教育教学环境，增加积极行为支持，预防问题日后进一步恶化而增加处理的难度。

二、鉴定环节的观察记录与调查、访谈

在特殊需要学生鉴定环节中，经过长期训练和实践的专业人员，借助学校教师和家长收集的一手资料和信息，综合运用其他评估方式，确定特殊需要学生的障碍类型和障碍程度。

经过筛查评估后，教师可对学生问题的严重程度、问题性质和问题产生的原因形成综合判断。问题程度重的学生需接受进一步的专业评估。专业评估一般由具有相应资质的专业评估人员主持，教师需配合评估人员提供学生详细而真实的信息。

观察法和访谈法都是可靠的收集信息方法，由于其简单易行，亦容易被教师掌握。

在收集被评估学生的信息时，必须直接面对被评估学生进行观察和记录。观察记录要关注行为问题和学业表现。使用访谈法可以帮助评估者对观察到的信息进行再次确认，并获得无法被观察到的其他信息。

访谈的对象包括其他教师、家长、被评估学生的同伴甚至学生本人。向家长了解学生的成长经历、家庭养育情况、亲子关系、生活饮食和睡眠，向其他教师了解学生参与所有课程学习的表现、学习的效果以及师生相处情况；向学生的同伴了解学生与同伴交往的情况。面对沟通能力较好的学生，也应与之交流，以便了解本人的认知状况、情绪变化、学习动机、对行为问题的看法等内容。

在实际收集学生的信息和评估过程中，为了使观察更高效，观察结果易于整理，可以设计便于所有授课教师都理解和记录的观察

记录表，每位教师只需上课后在表上进行勾画即可记录下被评估学生的信息。访谈的提纲也很重要，为了使教师与其他评估者和家长、学生的沟通更有针对性，亦可提前讨论整理出一些重要的问题，心中有数后在合适的时机再进行相关了解。

第四节　评估结果在学校日常工作中的应用

一、把握规律：读懂标准化评估结果与报告

教育评估方式有两种基本的类型：教师日常使用的观察、访谈、各学科达标检测等属于非正式评估，评估的结果可以直接与干预方式关联；特殊需要学生障碍类型和程度的诊断、适应性行为评估等则属于正式的常模参照测试，即标准化测验，评估结果是用普通儿童作为参照得出个体与标准样本比较的结果。

标准化测验须由具有施测资质人员组织开展，在特殊需要学生的教育诊断中应用广泛，其中智力测验报告、社会适应能力测验报告在教师日常工作中最为常见。对测验报告的理解和把握有助于教师理解特殊需要学生，对教育教学的调试和拟定个别化教育计划具有积极作用。

标准测验报告一般包括整体结果报告、分维度内容报告、评估者存在问题分析和建议等方面。解释的难点在于了解评估中的常模指标、平均数、标准差、量表结构内容和关键术语等信息。

(一）了解量表常模指标

解读标准化评估报告首先要了解量表是否有常模分数。在特殊教育评估中常见的常模主要有 IQ 指数为代表的商数、百分等级、T 分数等。

百分等级是使用百分比来解释结果的一种方式，可以在任意类型的评估工具的结果解释中使用。例如，韦氏智力测验评估结果为 IQ 130 的学生，对应的百分等级是 97.8%，说明有 97.8% 的人的智商值低于 130，也可以说他超过了 97.8% 的人，或者说智商值和他一样达到 130 或者高于 130 的人只有 2.2%。

IQ 指数是商数中最常见的一种，韦氏智力测验以 100 分为平均数、15 为标准差。所有 IQ 指数都可以用百分等级进行解释。下表为 IQ 指数和百分等级之间的关系。

	IQ 指数	百分等级（%）	所占比例（%）
非常优秀	>=130	>=97.8	2.2
优秀	120–129	91.1–97.7	6.7
中上	110–119	75–91	16.1
中等	90–109	25–74.9	50
中下	80–89	9–24.9	16.1
临界	70–79	2.2–8.9	6.7
低智力	<70	<2.2	2.2

下面摘录了某学生韦氏智力测验第二版的评估结果，并对其进行分析。

量表	量表分	智商（IQ）	百分位
言语量表	14	52	0.40
操作量表	17	49	0.10
全量表	31	45	0.10

根据以上信息，该生全量表、言语量表和操作量表的原始得分为 31 分、14 分和 17 分，转化为 IQ 指数后分别是 45 分、52 分、49 分。均低于 70 分，表明从智力测验的结果看，该生得分已经落在低智力的范围内。如果在适应能力评估中得分亦低于临界值，则属于智力障碍。

常用的标准分数是 Z 分数，是根据平均分和标准差计算得来，表达公式是（原始分数-平均分）/标准差。Z 分数的平均数为 0，标准差是 1。如果原始分数大于平均数则 Z 分数为正数，反之为负数。例如，一名学生的期末学业测试语文 90 分、数学 86 分；全班语文平均 75 分、标准差 15，数学平均 70 分、标准差 8。如果不理解"标准分数"的概念，那么我们有可能做出两种判断：一是因为 90 分大于 86 分，所以语文成绩好于数学成绩；二是 86 分和 90 分差别不大，所以语文和数学能力差不多。其实这两种判断都不正确。如果会使用 Z 分数，我们会计算出语文标准 Z 分数为 1，数学标准 Z 分数为 2，从而得出该学生数学能力好于语文能力的正确结论。

由于 Z 分数存在负数和小数，不容易被阅读者理解，因此在很多评估结果中，评估者会将 Z 分数转化为 T 分数。T 分数的表达公式为 50+10Z，也就是说 T 的平均数是 50，标准差是 10。T 分数主要分布在 20 至 80 范围内，从数值上看，越靠近 20 表示评估得分越低，越靠近 80 表示评估得分越高，但其意义必须要结合计分规则进行解释，例如在能力评估中得分越高表示能力越强。一名学生如果在某种能力评估中 A 部分得分转化 T 分数后为 75，B 部分得分转化 T 分数后为 60，那么可以解释说：这名学生在这个评估项目上 A 部分高出整体 1.5 个标准差，B 部分高于整体平均水平 1 个标准差，A 部分评估的能力比 B 部分强。

而在行为问题评估中往往得分越高表示行为问题越突出。如果一名学生在评估中将多动行为、自我刺激行为、攻击行为、生活自理异常行为等四方面原始得分与常模数据对照后，得到四个 T 分数分别为 56、53、63、60。这一结果表明该学生在攻击行为和生活自理方面有显著异常，与同伴相比存在 1.3 和 1 个标准差的距离，在多动行为和自我刺激行为方面处于临界，未显示出明显异常。

（二）了解量表平均分和标准差

在对疑似特殊需要学生进行筛查的阶段，普通中小学校教师经常会使用未取得常模的标准化工具，分析中就可以用平均分和标准差结合的方法。我们只需要知道：在统计学中，平均数正负一个标准差覆盖范围大概是全体总数 68.27%，平均数正负两个标准差覆盖范围大概是全体总数 95%；两个标准差以内属于同质，没有显著异常。例如某学校教师用一份心理评估量表对某一年级 10 个班，合计 300 名学生进行心理健康评估，小明所在的班级中有 29 名学生。调查结束后，用 Excel 软件计算出小明的量表得分以及整体年级的平均分和标准差。接下来可以用平均分加减两个标准差的方法来得出95%的比例范围。最后，通过对比小明得分在整体中的百分等级来判断其在群体中存在显著差异的可能性。

另外，需要注意的是，无论使用常模参照还是平均数和标准差参照，统计时样本群体数目越大，统计的可靠性越高，因此，在上面提到的这次评估中，应以全年级 300 名学生平均分和标准差为标准参照，其可靠性远大于只使用本班 29 名学生的班级平均分和标准差。

（三）了解评估报告中的其他信息

有一种说法是，在阅读评估报告时，只要读懂统计术语背后的信息即可。在对学生开展障碍鉴定评估时，这些数字通常能代表结论性信息，具有较高的准确度，因此，可以说：解读评估结果就是要解读报告中出现的各种统计术语。但是，在学校融合教育工作中，教师的目标是根据评估结果进行教育教学干预，因此仅关注统计术语解析是不够的，还需要关注评估内容，才有可能将评估结果更好地运用到干预目标制定和落实中。

报告中的其他重要信息包括：量表具体内容的得分情况、优势和提示的重要问题，以及建议。

（四）常见的标准化测验报告

1. 韦氏智力测验报告

韦氏智力测验报告可以提供学生总智商得分和具体言语理解、

知觉推理、工作记忆和加工速度智商指数合成得分，帮助了解学生认知的整体水平和主要特征；还可以提供具体分测验的得分、百分比等信息，帮助了解学生在每个分测验上的能力表现，挖掘其在抽象理解、概括、分析问题等方面的优势和潜力。

下面对某三级甲等医院组织的韦氏智力量表（WISC-II）评估结果（例1）和韦氏智力量表（WISC-IV）评估结果（例2）进行分析。

【案例：韦氏智力量表（WISC-II）评估结果摘要】

整体得分（摘要）：

言语量表得分13，IQ=53；操作量表得分20，IQ=54；全量得分35，IQ=54；言语量表平均分=2.5；操作量表平均分=4。

分量表得分（全文）：

言语分测验	量表分	操作分量表	量表分
知识	4	填图	4
分类	2	图片排列	5
算数	0	木块图案	4
词汇	7	图片拼凑	5
领悟	2	编码	2
数字广度	0		

报告（全文）：

受试者在《中国修订韦氏儿童智力量表（C-WISC）结果分析软件》中所获得的言语、操作和全量表智商分别为 53、54 和 48，其百分位分别为 0.10、0.10、0.10，也就是说，受试者与同年龄组的人进行比较，其言语智力比 0.10% 的人好，比 99.90% 的人差。

分析受试者的各种能力，与同年龄组相比：其一般实用知识的掌握程度、对物体的感知和分析能力，区分主要与次要部分的能力，对行动的计划性，逻辑联想及知觉部分与整体关系的能力、对空间图形的分析、综合能力、想象力，抓住事物线索形成假设能力、对部分与整体关系的感知能力(较差)对事物的分析、综合及抽象概括能力、数概念及心算技能、掌握、评价和应用既往知识经验的能力，以及社会理解与适应能力、听觉语言的短时记忆，心理转换过程的灵活性、手眼运动协调、注意和记忆能力(极差)。

比较受试者各种能力之间的强弱点和结构特点，结果表明：
受试者的言语智力较操作智力弱，差异无显著性。
就总体智力而言，受试者的能力在受试言语发展的情况、词汇量及对词义的理解能力极好。
就言语智力而言，受试者的能力在受试言语发展的情况(词汇量及对词义的理解能力极好)。
就操作智力而言，受试者的能力在各方面发展比较平衡。

分析：

1. 报告第一段介绍了该名儿童智力测验的整体情况，关注要点是言语量表得分 13，IQ=53；操作量表得分 20，IQ=54；全量得分 35，IQ=54，低于整体 99.9%，属于低智力的范围。

2. 报告第二段中介绍了该名儿童在言语量表和操作量表合计 11 个子量表评估中的情况，其中使用了"较差"和"极差"，表明了该名儿童的智力发展具体情况都不理想。如果在报告的这个位置使用"较好""极好"等词语，则可将其作为优势进行细致分析。

3. 报告第三段中通过比较言语智商和操作智商情况，提示被评估对象的优势。一般比较会出现三种结果：言语智商和操作智商相当、言语智商占优势（即言语智商相比操作智商更强）及操作智商占优势（即操作智商相比言语智商更强）。从本次评估结果看，该名儿童的言语智商和操作智商相当。

4. 比较言语量表的各子量表得分与言语量表平均分差异情况，相差 3 分表示差异明显。从本次评估结果看出，该儿童词汇得 7 分，与言语量表平均 2.5 分相比高出 4.5 分，说明词汇方面能力较强。也就是说，该名儿童的优势在于词汇量及对词语的理解能力。

5. 比较操作量表的各子量表得分与操作量表平均分差异情况，相差 3 分表示差异明显。从本次评估结果看出，操作量表的子量表中不存在差异过大的情况，可见操作能力中不存在优势项目和能力。

【案例：韦氏智力量表（WISC-IV）评估结果摘要】

量表	量表分数总和	合成分数	百分等级
言语理解	40	言语理解指数：120	91
知觉推理	44	知觉推理指数：130	98
工作记忆	18	工作记忆指数：94	34
加工速度	21	加工速度指数：108	55
全量表	123	总商数：118	88

分析：

报告中提到的"合成分数"即 IQ 商数，平均分为

100，标准差为 15；百分等级是用百分数表示在群体中的相对位置。根据《量表分数与合成分数转换表》，可见：

1. 该儿童的总智商 118，与同龄儿童的差距达到 1 个标准差，表明较好于同龄普通儿童。百分等级 88%，表示评估的结果超过 88% 同龄儿童。

2. 理解四个指数的基本意义。言语理解智商指数考察的是儿童处理语言信息的能力、用文字符号思考的能力，以及运用语文知识和技能解决问题的能力。知觉推理智商指数考察的是儿童处理视觉信息、依据视觉空间知觉开展逻辑思考、整合组织视觉—动作转换、进行非语言信息推理的能力和解决问题的能力。工作记忆智商指数考察的是儿童短时记忆及进行信息加工、存储和输出的能力。加工速度智商指数考察的是儿童在处理规律信息时的速度、准确度、注意力及书写能力，也反映视觉和动作信息协调处理能力。

3. 从四个指数得分看，言语理解指数超过平均水平 1 个标准差，达到优秀水平。知觉推理指数超过平均水平 2 个标准差，达到非常优秀水平。上面这两项都属于强项。工作记忆指数略低于平均数，但未达到显著差异，处于中等平均水平。加工速度略高于平均数，但未存在显著差异，处于中等平均水平。从中可以得出该儿童的绝对优势能力为推理指数和言语理解指数，不存在绝对的劣势能力。但相对自身能力而言,加工速度和工作记忆处于相对劣势。

一般来说,完成韦氏智力量表评估后,被评估儿童和家长会得到一份非常详细的评估结果和报告。但遗憾的是,大多数学校和教师只知道报告中非常小部分的信息。因此,建议班主任老师应请参加过韦氏智力测验的儿童的家长提供完整的评估报告,并与其他授课教师一同研究分析,以便能更好地转化评估结果,将评估结果运用到日后的教育教学和干预策略中。

2. AAMD 适应行为量表测验报告

AAMD 适应行为量表可以提供学生一般适应能力和不良适应行为的相关信息,该量表的学校版适用于 6~21 岁的在校学生,从量表的具体内容可以了解学生在独立能力、身体发展、经济活动、语言发展、数字和时间、职前/职业活动、自我管理、责任心、社会化方面的适应能力发展状况,还可以了解学生在社会行为、服从、可信赖、刻板和多动、自伤、社会约束、不恰当的交往、社会调节、个人调节等不良适应行为方面的状况。

AAMD 适应行为量表除了可以提供测验报告,还可以以图表形式展示在侧面图上,以直观的方式呈现学生适应能力的基本状况、在同龄普通学生中所处的位置,以及学生适应行为的优劣势。为教师的教育教学调整和个别化教育计划的拟定提供参考。

3. Conners 量表的测验报告

Conners 量表有家长版和教师版,由于这一量表对于注意力缺陷多动障碍儿童的筛查敏感性较高,并且题目数量较少,便于有这方面需要的学校教师和家长使用。其中教师版使用率最高。

结合公共文献中提供的常模数据,整理了如下得分表。

		常模 （1978[①]）	常模 （2001[②]）	评估结果
品行问题	3	0.32 ± 0.43	0.45 ± 0.51	得分高于常模 3 个标准差
多动	2.82	0.60 ± 0.65	0.56 ± 0.62	得分高于常模 3 个标准差
不注意 – 被动	1.10	0.76 ± 0.74	0.59 ± 0.52	得分在 1 个标准差的范围内
多动指数	2.67	0.58 ± 0.61	0.53 ± 0.54	得分高于常模 3 个标准差

这一量表得分越高表示学生的问题越突出。这一结果说明,该学生在品行问题、多动和多动指数三方面都显著高于常模,说明该学生注意力缺陷多动障碍的风险较高,建议去医疗单位进行细致评估。

4. 克氏孤独症量表和儿童孤独症评定量表的测验报告

克氏孤独症行为量表（Clancy Autism Behavior Rating Scale,简称 CABRS）应用于孤独症的筛查。量表只有 14 道题,需要填写者

[①] 汪向东、王希林、马弘. 心理卫生评定量表手册（增订版）[M]. 北京:中国心理卫生杂志社,1999.

[②] 儿童行为评定量表全国协作组. Conners 教师评定量表的中国城市常模 [J]. 中国使用儿科杂志,2001,16(12): 716—719.

与被评估学生相处 6 个月以上,并且对其进行过密切观察。一般来说,主要由父母双方共同商定后填写,或者父母分别填写后再进行讨论形成一致意见,方可作为结论。填写量表时以最近一个月的表现为准。结果以 14 分为评估参考标准线,高于 14 分被认为有必要进行更专业的孤独症诊断评估。

儿童孤独症评定量表(Childhood Autism Rating Scale,简称 CARS)是医学诊断机构使用较多的诊断工具。量表由 15 个评估内容组成,每项按照 1~4 分评定,4 分为最重。结果分成四个等级,每级评分意义依次为"与年龄相当的行为表现""轻度异常""中度异常""严重异常",每一级评分又有具体的描述说明。量表最高分为 60 分,总分低于 30 分则评为非孤独症,高于 30 分的评估结果则由医院根据测验情况提供诊断结果。

(五)标准化评估结果对学校融合教育工作的启示

1. 依据评估结果进行安置

当学生作为特殊教育服务对象的身份明确后,学校和教师需要审视对其的安置方式是否合理。对于一个轻度发育性障碍儿童,调整集体支持的方式也许足够,但是一个中重度障碍儿童需要借助资源教室提供额外的小组支持或是一对一的特殊支持。此外,在当前大班额环境中,在同一个班中同时出现 3 名以上特殊需要儿童对任课教师是不小的挑战。为了更好地帮助这类学生,如果发现这一情况,学校应当将这些学生重新编班,为他们安排更有支持力、更合适的班级以及更有经验的班主任。对于肢体残疾或视觉障碍学生,需要考虑学校无障碍环境的问题，其中包括考虑教室楼层、校门、厕所、专业教室中的无障碍设施，确保他们参与学校教育教学过程的安全与便捷。

2. 依据评估结果把握干预规律

标准化评估的结果明确了干预的方向和干预实施应遵循的规律。一名叫明明的小学生因为课堂上过于"调皮"，入学两年多来一直被认为有注意力缺陷和多动障碍，学校按照多动儿童支持方法付出了很多努力却效果欠佳，最终医院鉴定的结果判断孩子是一名患有阿斯伯格综合征的儿童。基于这个结果，学校和老师迅速调整支持方向，一段时间后，成效很明显。可见，特殊需要儿童会出现相似的"问题"表现，若仅靠经验、未经过系统的评估，教师难以发现不同障碍之间的本质差异，干预起来容易"谬之千里"。鉴定"是不是特殊需要儿童"能够帮助学校和专业机构确认特殊教育真正的服务对象，按照障碍的特征和规律将人力和经费等支持落实到位，帮助学校将融合教育工作开展得更细致、更有针对性。

3. 依据评估结果找出个性化支持的起点

标准化评估为教师落实特殊需要学生支持工作提供了证据支持，尤其体现在个别化教育计划的制订和落实上。目标制定的科学性是确保个别化教育计划能够真正落实的基础，因此教师需格外关注特殊需要学生的认知能力、大动作和精细运动能力。认知能力是目标制定的起点。一部分教师认为了解学生认知能力可以参照韦氏智力评估第四版的结果，但也有教师认为这是不够的，需要结合具体学科的一般性能力要求找出特殊需要学生学科认知能力的缺陷。而社会情绪与沟通能力的目标制定可以参照孤独症谱系儿童鉴定评估的相关材料，分析其中与沟通、社会交往相关的具体内容。如果特殊需要学生在写字、参与体育活动或完成其他操作性学习活动方面表现不理想可以从标准化粗大运动和精细运动能力评估结果中分析原因，教师只有了解这些才能给学生布置更符合他们现有发展水平的任务，既不会抛给学生一个毫无调整的任务，也不会让学生觉得任务过于困难无从下手而失去前进的信心。

二、明确策略：关联具体行为问题的评估结果

标准化的评估结果为支持特殊需要学生提供了规律和证据。但对于那些有行为问题的特殊需要学生，标准化的评估结果不能作为提供支持的全部依据。教师还应该依据功能性行为评估的结果，确定处理问题行为的思路和策略，为其他支持工作的顺利实施提供保障。

实践中处理行为问题的常用策略，按照处理的思路可以分为以下两个类型：以关注行为问题及功能为思路，即关注行为问题对儿童的意义；以关注行为问题及原因为思路，即关注行为问题为什么发生。

（一）以关注行为问题及功能为处理思路的策略

1. 针对获得实物/活动的功能

• 转移、舒缓特殊需要学生因得不到其欲求之物所产生的负面情绪；

- 减少特殊需要学生对特定实物/活动的依赖；
- 用特殊需要学生能够理解和接受的方式提前告知要求和规则；
- 给特殊需要学生选择的机会，并满足特殊需要学生的其他合理选择；
- 教会特殊需要学生与他人沟通的恰当的方法。

2. 针对引起关注的功能

- 预估特殊需要学生在不同情境下需要的关注时间，提前给予其多种方式的关注；
- 让特殊需要学生有事可做；
- 忽略不当行为，减少不当行为问题获得关注的机会；
- 通过各种方式确保满足特殊需要学生的正当需要，如想去厕所时，能够得到帮助；
- 教给特殊需要学生恰当沟通的方法。

3. 针对逃避任务/工作/人的功能

- 预估特殊需要学生完成任务的能力和态度，将任务进行分解；
- 减少任务时间，增加休息的机会；
- 忽略不当行为，尽量避免对逃避任务/工作行为的强化；
- 确保特殊需要学生能够听懂任务，并对每一步任务指令进行明确的说明；
- 对完成任务过程中的表现给予及时关注；
- 关注特殊需要学生完成较难任务时候的情绪，如果需要，可调整完成任务/工作的时间；

• 教给特殊需要学生恰当沟通的方法。

4. 针对自我刺激的功能

• 预估特殊需要学生在不同情境下需要的关注时间，提前给予其多种方式的关注；

• 让特殊需要学生有事可做，减少其无聊的时间；

• 避免其独处；

• 减少给特殊需要学生带来快感的刺激；

• 熟悉特殊需要学生自我刺激的先兆表情或行为，为其提供其他合理的方式替代问题行为，尽可能地减少环境中对特殊需要学生行为问题的刺激；

• 教给特殊需要学生求助的表达方式。

（二）以关注行为问题及原因为处理思路的策略

1. 从生理和心理原因出发

• 转移、舒缓特殊需要学生因得不到其欲求之物所产生的负面情绪；

• 帮助其获得休息、药物或相关治疗，解除身体不适的情况；

• 熟悉掌握生理引发问题行为的先兆，一旦发现有苗头，立即制止；

• 改变认知，减少错误认知；

• 提供正确行为的示范；

• 多次重复，并为特殊需要学生提供练习的机会。

2. 从环境原因出发

• 加强人际互动，给予其安全感和归属感；

- 对特殊需要学生的积极表现给予及时关注；
- 教特殊需要学生恰当沟通的方法；
- 与家庭合作，寻求家长的支持；
- 帮助特殊需要学生处理危机事件；
- 为特殊需要学生提供参与的机会；
- 为特殊需要学生提供选择的机会。

3. 从直接原因出发

- 改善教师教学的方式；
- 调整座位安排和周围的人员；
- 降低环境中不愉快的刺激；
- 帮助特殊需要学生获得需要的设施和设备；
- 改善特殊需要学生与同伴的沟通；
- 教给特殊需要学生情绪表达的正当方式。

【提要】

当你理解特殊教育评估的目标、前提、意义和功能后，意味着你对融合教育的认识又加深了一步。初步掌握一些智力评估、社会适应能力评估、学习能力评估、言语和语言能力评估、知觉和动作能力评估的相关内容，你会对特殊教育评估更加了解。当你重新审视并转换角度后，会对特殊需要学生有不一样的认识，并给予其不同于以往的反馈。

第六章 相长——运用融合性课堂教学策略

课堂是学校教育教学的主阵地。一名或几名特殊需要学生必然会给班级教学带来新的需求。本章从融合性课堂教学策略和融合教育课程调整方式两方面做介绍,为实践提供参考。

【本章重点】
1. 融合性课堂常用的教学策略有哪些?
2. 融合教育课程调整的方式有哪些?
3. 在实践中如何应用这些策略或方式方法。

第一节 融合性课堂教学策略

【案例:不一样的任务】

汪老师任教五年级语文。在教授《新型玻璃》一课后,她为学生布置了课堂"小练笔":社会生活中还需要什么样的玻璃?我们能创造出什么样的奇迹呢?仿照

《新型玻璃》的写法，自由命题写作。学生按要求以小组合作的形式完成一篇文章，组员有的负责写开头，有的负责写其中某一方面的特点及作用，写好后，共同讨论完成结尾，合成一篇文章。动手之前，汪老师要求小组成员先讨论一下新发明的玻璃的特点、作用，明确各自的任务。

孤独症学生小伟认领的小组任务是：1.在小组讨论中认真倾听小组成员的讨论，尽量记下他们的观点。2.在小组讨论后，根据组员的观点和自己的想法为文章写开头。3.在小组讨论中倾听同学对开头部分的修改建议，并加以修改。

"法律和研究支持融合教育，但是只有教师才能把那些书面文字转化为成功的课堂实践，帮助学生融入班级和社会。"[1]美国融合教育实践者和研究者托比·卡腾（Toby J. Karten）这句话，说明了教师对融合教育重要的实质性贡献。课堂是教育的主要阵地，有效的教学对融合教育质量起着至关重要的作用，需要教育管理者、研究者和教师高度重视，持续改进。

关怀先于技术。好的策略能起到更好的教学效果，但在探讨这一话题之前，首先要考虑的是我关注班上的特殊需要学生了吗？在

---

[1] ［美］托比·卡腾等.融合教育实践[M].杨希洁译.上海：华东师范大学出版社，2016年2月第1版，第44页.

教学活动设计和实施环节中他/她有什么需求？在目前以班级授课制为主要形态的教学实践中，面对全班三四十名学生，只有先关注到特殊需要学生，才能考虑使用什么策略或方式方法。

教学策略是一个常用术语，不同的工具书、教科书给出的界定也大致相同，通常包括教学活动的元认知过程、教学活动的调控过程和教学方法的执行过程；教师对教学活动的整体性把握和推进的措施；策略的选择、运用要从教学活动的全过程入手；教学策略是一系列有计划的动态过程等要点。教学策略的制定、选择和运用，有多方面的依据，其中非常重要的一个考量因素便是学生的实际情况。教学策略的实际运用也需要梳理整体观、突显学生的自主学习，并积极寻求教学策略的多样化配合及变通运用。

所以，本章所介绍的融合性教学策略，有的是常规教学策略在融合性课堂的使用方法，有的是具有针对性的操作方式，有的需要和其他技术整合运用，要符合基本教育规律和整体教学需求，不能单独、孤立地看待、使用。文中所述也远不是实践所需的全部，旨在抛砖引玉，为实践探索提供一些借鉴和参考。

一、融合性课堂教学的特点

融合性课堂教学与普通班级课堂教学存在很多的共性，也存在一些独特的特点。大致来说，融合性课堂教学以下特点明显。

一是教学组织形态与普通班级课堂教学总体上相同，仍以班级授课制为主。以"班"为学生组织的基本单位，以"级"为教学的主要推进节奏，以"科"为教学内容的主要组织方式，以"课"为教学内容施教的基本单位。

二是学生的多样化和差异性更大。这是融合性课堂教学的一个比较明显的特点。与普通班级相比，教育对象的差异性更大，更加多样化。不同的障碍类型、不同的障碍程度、不同的文化背景及学习资源使学生的学习需求，从常态化需求的范围向外扩展。在这种情况下，教师面向集体的备课通常难以满足这些独特的教育需求。

三是非教学因素的更多干扰。融合性课堂更加容易受到非教学因素的干扰，如特殊需要学生的情绪行为问题对课堂教学秩序的干扰、学生感官障碍对教学环境的独特需求以及对整个教学环境带来的改变、学生交互学习交流存在的障碍、特殊需要学生家长陪读带来的教学干扰等。

四是对相关服务支持及资源的需求更多，涉及人、物、机制等诸多方面。普通班级的教学组织，主要有赖于任课教师的组织及教学。融合性班级中特殊教育需要的存在，需要教师在教学准备、教学材料、教学组织方式、教学后事宜等方面做更多的考虑。是否需要为特殊需要学生安排陪读？是否需要资源教师的协同教学？是否需要为特殊需要学生制作有针对性的学具或学习材料？是否需要助学伙伴？在小组学习中怎样保障特殊需要学生的参与？怎样巩固特殊需要学生的学习成效？诸如这些方面的需求和挑战，都需要加以考虑和准备。

二、融合性课堂教学对教师课堂教学的挑战

从前述特点来看,融合性课堂教学对教师教学提出的挑战,在以下诸多方面体现比较明显。

一是"班级授课制"的集体高度同步性与学生个体接受的异步性之间的矛盾,会给教学带来挑战。融合性课堂学生的差异性更大,集体教学的"同步性"和个体接受的"异步性"之间的矛盾,相比于普通班级来说,更加显著。在高度同步化的教学进度下,特殊需要学生"掉队"的可能性更大。要在"齐步走"的进度下保障所有学生跟上队伍,特别是教学体量(如班额、教学任务)较大的情况下,尤为具有挑战。

二是学生的多样化和差异性给教学准备、教学成效带来挑战。视力障碍学生对学习材料的需求和孤独症学生对学习材料的需求,具有很大的差异;肢体障碍学生对环境的需求与听力障碍学生对环境的需求,也有很大的差异;情绪行为障碍学生对助学伙伴的要求与智力障碍学生对助学伙伴的需求,也有很大差异……可以说不同障碍类型间甚至学生个体间对教学准备、教学过程的需求,都存在着差别,与常态化班级中的普通学生相比,特殊性更加明显。

三是非教学因素的干扰给教学组织带来挑战。教学秩序的维持或许会在融合教育课堂教学中给教师"当头一棒"。个别特殊需要学生的不定期"发作"(如尖叫、下座位等),可能会成为让教师上课时"提心吊胆"的事情。

四是更多支持资源的需求(人、物、机制)对教学组织形式及

协同带来挑战。常态化的班级教学，是任课教师一个人所"掌控"的世界，一旦融合教育课堂涉及协同教学、陪读等事宜，融合教育课堂就不再"属于"任课教师一个人了。这些事宜不可避免地给教学组织和实施带来更大挑战。

五是来自学生家长的质疑及压力。教师在平衡上述各种关系和挑战中，如果投入不足，就有可能会遇上来自特殊需要学生家长的质疑及不满；如果投入很大，就有可能会遇上来自普通学生家长的质疑与不满。

如果你正在融合性课堂上执教，相信会对这些挑战深有感触。我们需要做的是立足实践，积极寻求解决之道，找到合适的方式方法，帮助特殊需要学生和全体学生，也帮助我们自己。

三、融合性课堂常用教学策略

（一）常规教学策略的调整与应用

融合性课堂中的好课首先是一节好的普通课，这是多年从事融合性课堂教学研究的专家们普遍认可的观点。面向全体，尊重差异，因材施教，让每个人都获得发展，这本来也是教育普遍追求的理想效果。融合教育追求的是特殊需要学生在融入集体的基础上获得发展，集体教学是其认知学习和发展的主渠道。案例中的小伟在参与小组合作学习时教师针对其能力水平及障碍特点调整了任务，并提供了参与写作的详细指导。可见在常态课堂应用的有效教学策略，经过适当调整，对特殊需要学生一样有效。讲授式、自主探究式、分组研讨式等教学方式，辅以适当的分工和一定的支持，也能使特殊需要学生参与课堂并获得发展。重要的是在教学过程和教学环节中，教师要想到这名特殊需要学生，想到其特殊教育需求并将其体现在教学中。

即便是最基本的教学方法，如课堂提问，在融合性课堂也仍是有效的教学策略。对特殊需要学生来说，参与课堂学习是重要的基础。通过提问请学生回答问题、重复和复述问题，请学生到讲台范读、协助老师做演示、展示习题运算过程，或者请其表达自主意愿或解说困惑……都可以"牵拉"着他参与到课堂学习中来，并帮助他较好地集中精力不游离于课堂。从关注到他，到引领他参与到课堂学习中，再到给予表达和展示的机会，进而在某个他所擅长的方面给予其表扬和鼓励……这一过程不必在一节课中全部实现，但久久为功，不放弃，不舍弃，日积跬步，必会使特殊需要学生成长加速。

【案例：适时关注，维持特殊需要学生的注意力】

小泽是一名有注意力障碍的学生。针对他的情况，除了积极营造包容理解接纳的课堂氛围，数学教师还从多方面提供有效学习的支持：

1. 课前辅导，打好先备基础。帮助复习、帮助其梳理三位数乘一位数、两位数乘两位数的计算方法，树立课堂学习的信心。

……

5. "问"在关键处,"导"在必要时。由于小泽有丢字落字的问题,为保证其读完整题,能正确理解题意,在教授新知识时,让其在教师辅助下读题。在关键知识点处,进行指导,帮助其掌握。

6. 适时关注,动静结合,维持其注意力。在发现其有分心行为时,及时给予眼神、抚肩、摸头等形式的关注,将其注意力拉回;平时注意多通过设计小组活动、角色扮演、上台展示等活动,通过适当的方式满足他"动一动"的需求,这不仅对他注意力维持有帮助,对全班同学也有益。

资料来源:朝阳区石佛营小学芮旋老师《三位数乘以两位数》说课。

(二) 一些融合性课堂常用教学策略

1. 自然支持的教学策略

在融合教育的课堂中,教师对学生的支持随着学生的需求而变化。教师可以从其首要的需求出发,为其提供在课堂教学环境中可以实现的自然支持,有的专家称其为"一招半式闯江湖",针对需求,敢于去做,在做中探索、学习、改进。这些"一招半式",注重对特殊需要的直接呼应,简便易行,如为视力障碍学生调整座位、上课允许其在不影响其他同学学习的前提下下位子去看清黑板;为听力障碍学生调整座位以便看清老师口型，老师在讲解时尽量面朝该生；为特殊需要学生搭配一名助学伙伴，提醒、带动该生学习；为特殊需要学生提供视觉化学习任务单，增强其学习的自我监控和效能感；安抚鼓励特殊需要学生，课前、课中、课后提供帮助等。这些策略方法易于上手，但需要做细，充分考虑其针对性，与需求最大化地匹配。

2. 支持性教学策略

除了自然支持的教学策略，有时候还需要更多的资源支持。"支持"是利用资源助人的过程。融合性课堂支持策略是指在融合性课堂教学中，充分利用教育资源，采用有效的方案、方式和方法，支持特殊需要学生在普通班级中和全班学生一起学习，为学生提供适合的教育，使其能参与、融入课堂学习，有实际获得，实现共同成长。

支持策略涉及的主要元素包括环境创设、资源利用和多样化的教学方法等。资源利用方面，包括共享性资源和个性化资源。共享性资源指对全体学生提供的有助于学习的资源，如直观教具、直观教学材料；个性化指为了满足学生个性化的需要而特别提供的有助于学习的环境资源、人力资源、物力资源等。

（1）提供共享性学习资源

共享性学习资源是为所有学生提供的学习资源。在学习一些内容时，限于学生的认识和体验，有些内容过于抽象，或者缺少直观感受，这时需要为学生提供直观学习材料；有些内容在学习时需要思维层面的深化或拓展，对学生的认知水平来说可能是一个需要突破的难点，这时需要为学生提供思维的"脚手架"。这些是由学生的年龄阶段、认知水平、普遍生活经验等带来的教学需求，尽管对于特殊需要学生来说可能会更加明显一些，但教学准备可以是面向全体的，在共享中惠及特殊需要学生。

【教与学的借鉴：为学生提供共享性资源】

小学语文中有一节课是《仙人掌》，在课文中说到"开出艳丽的花朵"。多数学生缺少直接感受，很难感受到文中所写的画面，缺少对比，进而影响到对内在精神的领会。所以教师需要为包括特殊需要学生在内的全体学生提供共享性资源——直观材料。下图是一位教师为学生提供的相关图片，对于帮助学生理解课文内容起到积极效果。

北京市小学融合教育教研组教研材料，2015年

【教与学的借鉴：为学生提供共享性资源】

"另外一回，我很担心做长期任务的学生能否及时完

成任务……我和助教合作，我们决定制订一个月的计划，标注出即将来临的学校活动、考试、集合、报告，以及任何其他事情。这名普通教师之后继续对他的全体学生使用月计划，无论是特殊需要学生还是普通学生！融合教育带来的一个美好的副作用就是它也能施惠于'普通'儿童。好的教学实践，不应只用于有IEP的学生！"

"……为何不把这些技能或者策略教授给全班？"

摘自：[美]托比·卡腾等.融合教育实践[M].杨希洁译.上海：华东师范大学出版社，2016年2月，第114-115页.

（2）提供个性化学习资源

个性化学习资源体现了按需配备的原则，是应对特殊需要学生的独特教育需求专门为其准备和提供的学习资源，其特点是针对性强，个性化明显。如为低视力学生提供的大字课本或大字作业单、为听力障碍学生提供的即时音译设备或软件、为孤独症学生准备的结构化可视化任务单，等等。有时"资源"不一定是物化的资源，参与的机会、表达的机会、针对性的教学安排，都可以是对个体学习有益的学习资源。这些资源具有较强的个体适用性，很多时候亦带有一定的情境性。通常可由科任教师或班主任准备，必要时需要协同资源教师、巡回指导教师一起准备。

【教与学的借鉴：为特殊需要学生提供个性化资源】

北京市融合教育小学教研组在实践探索和教研基础上，探索实践了融合教育课堂教学"三单"支持，为特殊需要学生提供有针对性的个性化资源支持。课前预习单，做好铺垫；课中学习单，减小坡度；课后练习单，降低难度。在教研和实践中对智力障碍学生产生积极影响。

普通学生可以一步直接做到的任务，对于特殊需要学生而言，增设一个"脚手架"，分成两三步才能达成。如某节融合教育课堂教学教授平行四边形，课后需要学生练习画出平行四边形。教师借助带有虚线提示的联系单，为智力障碍学生提供支持，构建支架，降低难度，帮助学生达成练习目标。练习单如下图所示。

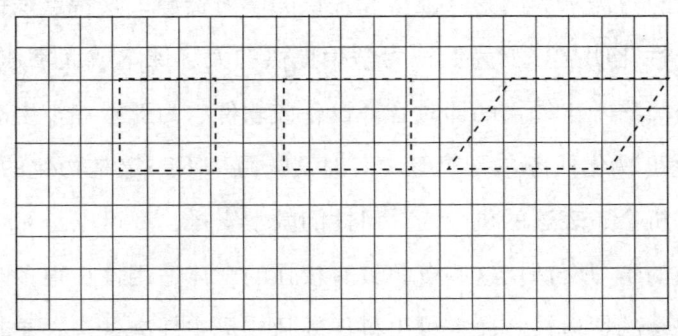

北京市小学融合教育教研组教研材料，2015年

【教与学的借鉴：为特殊需要学生提供个性化参与学习的机会】

注意力缺陷多动障碍儿童由于生理原因，只有在"动"的情况下能够较好地维持注意力稳定，因此本节语文课中教师尽可能让学生们"动起来"：采取自主学习、小组合作探究方式学习和理解课文，通过读、划、批、说的形式，边操作边阅读文本；通过画一画、演一演的方式，调动多感官参与学习；通过观察图片，引导想象的方式，辅助理解，弥补特殊需要学生对文字不感兴趣、阅读理解不到位的困难，使其能获得收获和自信。

资料来源：朝阳区石佛营小学王晓飞老师《爬墙虎的脚》说课

3. 差异教学策略

华国栋研究员在其专著《差异教学论》中对差异教学作了集中的阐述，是指在班集体教学中，立足学生的个性差异，满足不同学生的学习需要，促进每个学生最大限度发展的教学[1]。在今天多样化的班级中，差异教学"意指教师改变教学的速度、水平或类型以适应学习者的需要、学习风格或兴趣，强调要适应学生学习的整个过程，意味着你要检查自己在多大程度上给学生提供了具有多样性和挑战性的学习活动……还要根据学生的需要调整教学计划，使更多

---

[1] 华国栋. 差异教学论 [M]. 北京：教育科学出版社，2001年.

的学生成为成功的学习者"①。

差异教学的一些主要观点和主张包括：在班集体教学中，教师不仅要关注学生的共性而且要关注学生的个性差异，并且在教学中将共性和个性辩证地统一起来；我们不仅要关注学生个体间差异还要关注学生个体内差异，从而促进学生优势潜能的开发；差异教学强调满足不同学生的学习需要，但不是消极适应，要从个体的情况出发，引导学生学会学习，从而促进学生发展；为了满足学生的不同需要，教师首先要转变观念，在教学中给每个学生均等的学习机会，将学生的差异作为资源来开发，全方位地构建面向全体照顾差异的教学策略方法体系，追求每个学生最大限度的发展②。

对于怎样对特殊需要学生开展差异教学，《差异教学》给出了一些参考意见："营造一个使特殊需要学生能更好适应学习的教育环境，可以让所有的学生都从中获益；在开展项目菜单和挑战中心的学习活动时，要提醒自己注意特殊需要学生的需求……不必为特殊需要学生单独设计层递式学习任务，只需对任务进行修改使其更适于这些学生学习就可以；和所有学生一样，特殊需要学生有自己独特而鲜明的学习偏好和学习兴趣；一定要考虑到隐藏在障碍之后的学习需要，不要只把眼光盯在他们的障碍类型上，和特殊教育教师见见面，一起看看学生的个别化教育计划。"该书针对学习障碍、行

---

① [美] 黛安·荷克丝（Diane Heacox）.差异教学——帮助每个学生获得成功 [M]. 杨希洁译.北京：中国轻工业出版社，2004年，第3页、第8页.
② 华国栋.差异教学策略 [M].北京：北京师范大学出版集团，2009年，第3页.

为失调、肢体残疾、孤独症谱系障碍、双重障碍、天才学生等也分别提出了有针对性的教学实施建议：如对学习障碍学生通常在处理视觉或听觉信息方面的困难时可以"提供多样的、有挑战的处理和创造信息的方式，帮助他们习得这些技能"；对行为失调学生"要特别关注'管理'的内容"，"抽出一定时间指导并鼓励学生，在适宜的时候创造机会让他们在教室里走走"；"要特别关注对孤独症谱系障碍学生进行管理"，"可以利用视觉线索"指导其管理自己的日常行为和交往行为。

【教与学的借鉴：以编码予以体现的差异教学课程设计表】[①]

课程设计表：例子

学科：四年级科学

单元/主题：海洋生物圈

课程标准	内容/标题	技能	方案/作品
能用写和说的形式表述各种学术性目的	海洋地理学	指出各种特征★ C,AP,AN,E	按比例绘制的图 AP, LM, VS
	海洋环境	判断因和果 AN, E	食物链网 C,VS
		分类★ AN, E	海图★ C, VS
调查 收集解决问题的资料	海洋动物	比较/对比★ NA, E	故事讲述 AP, VL 插图，壁画，海报 AP, VS
		指出事物之间相互关系 C, AN, E	交集图 AP, AN, E, LM, VS

---

① [美]黛安·荷克丝（Diane Heacox）.差异教学——帮助每个学生获得成功[M].杨希洁译.北京：中国轻工业出版社，2004年，第112页.

续表

地理学 了解人、地域以及处所之间的互动关系	海洋植物	创造 AN, S	简短的陈述 AN, E, S, VL
		问题解决 AN, E	
	环境问题/焦点	得出结论 AN, E, S	行动计划 ★ AN, E, S, VL
生物圈 了解生物系统中各物体之间的相互作用和相互依存的关系		审核观点 AN, E	
			抒情诗歌 S, M 剪贴簿 A, AP, VL, VS 角色扮演 AP, AN, S, VL, BK

差异教学活动代码（★）突破点

布鲁姆的分类学

K＝知识（Knowledge）C＝理解（Comprehension）AP＝应用（Application）

AN＝分析（Analysis）E＝评价（Evaluation）S＝综合（synthesis）

加德纳的多元智能说

VL＝口语/语言（Verbal/Linguistic）LM＝逻辑/数学（Logical/Mathematical）

VS＝视觉/空间（Visual/Spatial）BK＝身体/运动（Bodily/Kinesthetic）

M＝音乐（Musica）Inter＝自我认知（Interpersonal）

Intranet= 人际关系（Intrapersonal）N= 自然观察（Naturalist）

4. 任务分析教学策略

任务分析法，也称"作业分析法""工作分析法"，概括而言，"是对某一技能或工作（整体的工作目标）依据其顺序或构成而做的分解（分解为小阶段、小步骤、小目标），是一种化整为零、化繁为简，步步为营，再化零为整，最后综合地删去分析、评量工作，也是一种训练方法"①。这种方法，结合学生的特殊需要，以"低起点、小步子、多反复"的方式加以实施，由易到难，由近及远，逐步递进推动学生的学习。

例如，语文学习中的"有感情地朗读课文"这一学习要求，从字—词—句—段—篇和正确—流畅—有感情两个维度，可以分解为多个层次。教师可以根据学生所处的层次和学科基础为其设定适合的目标，从正确朗读生字词直至有感情朗读全文，根据能力发展序列逐步加以教学、练习和指导，还可以依据发展序列加以逐级检核，通过后再向前推进。

5. 基于通用学习设计的教学策略

融合教育课堂不是特殊需要学生一人的课堂。施教中尽管要做有针对性的教学应对，但是一定不能忽视大多数学生的利益而只聚焦少数学生。教学策略可以源起于特殊需要学生，但是最好能让全体学生受益，这也有助于减轻教师负担，增强教学效益。现

---

① 张文京. 融合教育与教学 [M]. 南宁：广西师范大学出版社，2013 年，第 411 页.

代融合性课堂教学日益朝着更加注重对整体有效的教学策略开展探索，更多教育理念和教学策略，正日益走向实践。通用学习设计（Universal Design for Learning, UDL）便是其中一个重要的理念和实践探索。通用学习设计亦称"全方位课程设计"，"是基于对人类如何学习的科学认识为所有人改进和优化教与学的框架"[1]，美国《高等教育机会法案》中这样对 UDL 定义："UDL 是一个科学有效地指导教育实践的框架——（1）提供灵活的方式，包括为信息呈现、学生回应或展示知识能力以及学生参与等活动提供灵活的方式；（2）减少教学中的阻碍，提供合适的学习设施、支持和挑战，保持对所有学生（包括残疾或英语水平有限的学生）的高成就期望。"基于 UDL 的差异教学设计，注重提供多样化的表现方式、多样化的行为和表达方式、多样化的参与方式，尽可能多地考虑到不同个体，确保从伊始就奏效而无须事后改进。《学习的通用设计：课堂应用》一书中指出"'通用'并非指'一刀切'，而是意味着具有个体差异的所有学习者能够享有平等且公正的访问权和机会，以对其而言最佳的方式来学习相同的内容"[2]。

借鉴这个思路，为特殊教育需要学生开发及应用的教学策略在必要或者需要的时候可以推广到其他有需求的学生乃至全体学生，会让更多学生乃至全体学生受益。

---

[1] CAST, http://www.cast.org/our-work/about-udl.html?utm_source=udlguidelines&utm_medium=web&utm_campaign=none&utm_content=homepage,2020-5-20.

[2] [美] Tracey E. Hall, Anne Meyer, David H. Rose. 学习的通用设计：课堂应用 [M]. 裴新宁，陈舒主译. 上海：华东师范大学出版社，2019 年 1 月第 1 版，第 4 页.

【教与学的借鉴：把 UDL 原则应用到阅读理解教学】

  对于许多难以解码或无法流畅阅读的读者来说，文本—语音转换（TTS）软件为他们提供了基本的访问支持，从而读者就能够更好地专注于文本内容的理解。TTS 软件允许学生点击单词、短语或段落，并把它们朗读出来。每个 UDL Edition 通过 TextHelp 提供的专门工具栏实现 TTS 的性能。TTS 软件以合成声音朗读文本，并同步伴有语调语气。学生可以自己选择声音和语速。在聆听 TTS 朗读时，学生们需要随之朗读，这样他们就可以同时看到并听到文本。CAST 的 UDL Editions 也可以为感知提供其他支持，包括改变文本大小、字体和颜色，这些都是印刷文本所做不到的。

  摘自：［美］Fracey E. Hall. Anne Meyer, David H. Rose. 学习的通用设计：课堂应用 [M]. 裴新宁，陈舒主译. 上海：华东师范大学出版社，2019 年 1 月，第 32 页.

（三）应用多样化的教学方式方法

  尽管班级授课仍然是教学的主要组织形式，但基于班级授课方式基础上的一些教学组织变式，如分组探究、合作学习等可以扩大特殊需要学生的学习参与，增强其学习感受，改善其学习效果。随着教育改革发展和融合教育支持保障条件的逐步加强，多类型专业人员分工合作教学、协同教学也正在逐步走进实践。依据教师的组合、教学的进行和空间的安排等，可将合作教学分为一位教学另一位协助、分站教学（station teacher）、平行教学（parallel teaching）、替代教学（alternation teaching）、小组教学（team teaching）等类型（Cook L, Friend M）[1]。

> **【教与学的借鉴：替代教学（alternation teaching）的应用】**
>
> 　　当特殊需要学生的人数符合一个较小群体时，可以实行替代教学。即由一位教师来教导这个小群体，而同时由另一人指导大群体，这个方法可以用来确保所有学生都有机会在小群体中与教师互动，也可以使一个兴趣群体去追求特定兴趣，或创造评估机会来检测学生的发展情况。只是这个方法最大的弊端在于会给特殊需要学生或小群体中的其他人贴上标签。所以，可以用多样分组的方式来确定所有的学生都会轮流出现在小群体中。
>
> 　　摘自：邓猛. 融合教育实践指南 [M]. 北京：北京大学出版社，2016年7月，第104页.

四、给老师们的建议

融合性课堂教学给教师带来了一定的挑战，但也带来专业发展的推动力。在面向全体的基础上如何更好地尊重和满足学生差异性的学习需求，是教学中要一直追问和付诸实践的命题。综合相关教

---

[1] 邓猛. 融合教育实践指南 [M]. 北京：北京大学出版社，2016年7月，第102页.

学实践经验和教研成果，下面这些建议或许会让你有所启发。

·从深入分析学生学情和学习需求入手，逐步加以满足；

·从简便易行的策略入手（如助学伙伴、简单辅助），逐步增强成效；

·从当前挑战最大的问题着眼，从学生便于接受和改进的地方入手，宜具体不宜宽泛；

·多人间的研讨与实践探索；

·有效利用资源支持；

·显性关注与隐性关注的交融；

·课上教学与课下补救教学相结合；

·将对特殊需要学生的支持和针对性教学融入常态化教学，逐步使之常态化；

·尝试让更多的学生乃至全体学生受益。

【提要】

　　融合课程和教学策略的调整是融合教育教学质量的重要保障，针对学生的多样性和差异性，在教学中可以采用多种教学策略，促进学生的有效学习参与，保障学生学有所获。

第二节　融合性课程调整策略

【案例：小李的阅读目标调整】

　　小李有孤独症，在普通学校二年级就读。语文教师根据学期教学目标、小李的优势和待解决的问题，为他调整了学期教学目标，并将其拆分到单元目标中，以指导课堂教学目标的制定，以下为小李同学的语文学科二年级下册部分阅读目标的调整。

教学目标	优势	待解决	调整
教学目标：能联系上下文和生活实际，了解课文中词句的意思，在阅读中主动积累词句。	能在朗读后用原文回答问题，找到对应的直接信息。	对间接信息的理解，特别是课文中表达的情感体验有困难。	能在理解课文整体脉络的基础上，结合生活经验、背景资料，在朗读、复述、讨论、仿说中，借助想象、重点词句、标点符号理解课文，获得初步的情感体验。通过字词句背诵、摘抄本等形式积累词句。
教学目标：能阅读浅显的课外读物，能与他人交流自己的感受和想法。养成爱护图书的习惯。	能说出学过课文的主要内容。	缺乏倾听和交流习惯，只关注自己。	阅读浅显的课外读物后，得到他人同意，向其介绍自己的想法；倾听和转述对方的想法；养成读书时不搓书角的习惯。

一、课程调整的依据

"课程的调整是在保证普通教育原有课程的基础上,根据特殊需要学生的特点对其所学的普通教育课程的内容和标准做出适当的调整或修正,以满足学生的需要","其宗旨是以学生为主……课程调整只有在需要时才有意义,过度的调整反而会适得其反"[1]。在实际教学中,这项工作对教师既是一项技术挑战,也是工作量的挑战。"有时课程调整只是一项简单的改编工作……有时是一项极具挑战性的工作……必须认真地思考和计划,确保改编后的课程也能清晰地反映出全班学习的内容,能够明确表明教学内容与该班级及相关年级要求达到的标准相适应。……因此,改编课程并非是随意可做的事情,而是一份需要深思熟虑和周密计划的工作[2]。"

对学生所要学习的课程做适当调整,除了要落实政策要求,对不能降低学业标准的学生保持原有标准外,在具体实践中,调整课程的主要依据至少包含三个方面,即课程标准、教学目标和学生实际情况。课程标准是根据各学科的特点、社会对教育的需求,以及一般学生的身心特点制订的,具有普遍的指导意义的文件。对于课程标准,要做到"三了解",即要了解课程标准的体系和对教学的目的要求,了解确定教学内容的原则和教材编排的特点,了解课程标准对教学工作提出的建议。教学目标是对教学的指引,根据教学目

---

[1] 邓猛.融合教育实践指南 [M].北京:北京大学出版社,2016 年 7 月,第 76—77 页.
[2] [美]托比·卡腾等.融合教育实践 [M].杨希洁译.上海:华东师范大学出版社,2016 年 2 月,第 144—145 页.

标，在教学内容上可以依据教育需求加以选择。学生实际情况，主要包括认知水平、知识基础、学习态度、兴趣、习惯等，在特殊需要学生个别化教育计划中应有较为全面的呈现。

二、课程调整的思路方法[①]

(一) 加强基础学科，突出基本概念

基础学科、基本概念、基本能力反映出自然和社会的一般规律，是学习其他内容的基础，具有广泛迁移性，也是各种各样的人才都需要的共同基础。为让特殊需要学生打好这一基础，可以适当降低标准，并适当分流，采用分级教材，或提出不同程度的要求，以适应不同学生的需要。需要注意的是，在基础学科、基础知识的学习中，要引导学生将知识转化成可以灵活运用的基本能力；要提供足以支撑学生基本素养、提高其社会适应能力的核心课程，应保证特殊需要学生核心课程的学习和基本内容的掌握。

(二) 必修课程和选修课程结合

根据学生教育需要和学校实际，可以增设选修课，特别是在中学阶段，以利于学生个性发展的需要，发展优势和特长。可以开设地方性的选修课，介绍乡土文化，充实职业技术教育的内容。需要注意的是，课程不要太滥，以免造成知识的重叠和交叉；不能有什么样的教师就开设什么课程，要从学生个性发展和当地经济发展实

---

① 宋晓华. 随班就读学生课程调整. 师资培训讲义材料，2012 年.

际出发；处理好发展特长、兴趣和全面打基础的关系；对于特殊需要学生还应开设针对他们障碍的教育训练课程，如盲生的定向行走课程、听力障碍学生的语言训练课程；中学还可以开设职业指导课程等。

（三）活动课程与学科课程结合

活动课程的基本出发点是学生的兴趣和需要，把学生自己组织的一系列活动作为课程内容，学生通过活动学习，获得经验，培养兴趣，解决问题，提高能力。活动课程重视学生学习的过程、学习的方法，不关注学习结果。它重视学生的实践、直接经验，以学生为活动的主体，按学生心理发展顺序组织学习内容，有利于学生个性发展，有利于发现和发展学生的优势，有利于特殊需要学生利用各自的生活经验和适合他们自己的方式学习，满足他们的不同需要。学科课程按照本学科的逻辑系统向学生介绍书本理论，有利于学生更好地认识世界。我们应把两类各具特点、各有侧重的课程结合起来，综合运用，扬长避短。

为照顾学生差异，发展他们的个性，应加强活动教学，将活动课程和学科课程很好地结合起来。对特殊需要学生来说，活动课程也有利于他们增长学习和生活的经验，并学会与人合作。综合实践活动课有利于提高学生的社会适应能力。

（四）根据需要开设模块课程

模块课程就是根据实际需要及学生意向，将有些学科适当组合，形成有内在联系,为达到一定目的,以模块为单位的课程,如主题性课程。主题是现实生活中实实在在存在的、丰富多彩的任务,大多数是跨学科的,既包括专门的学科知识,也包括根据不同情境迁移信息的一般技能、决策技能、人际关系技能等,如购物、接待客人、就业问题、污染问题、交通堵塞问题。

模块课程的优点是能适应不同学生的需要,课程目标明确,便于各学科课程教学间的有机结合。

(五) 提供课程资源中心

课程资源中心可根据学生学习的需要、能力发展和潜能发展的需要,提供有利于发展的课程模式。教师可为特殊需要学生开设补偿缺陷和开发潜能的课程,如语言训练课程等。学校还应提供相应的参考资料、图书、程序化材料、计算机终端等。学校可设立资源教室或活动中心,给学生提供相应的活动场所,并安排资源教师、指导教师或专家对特殊需要学生开展教育教学活动。

(六) 编写多样化的教材

在一个班级中要照顾学生的学习差异,在教材的处理上有几个基本途径:一是同教材,异进度,同要求;二是同教材,同进度,异要求;三是异教材,异进度,异要求。在班级授课的前提下,"同教材,同进度,异要求"是照顾差异首选的教学策略。

同教材并不等于教学内容也完全一样,可以对教学内容做适当的调整和组织,以适应不同的教学要求和目标,适当为特殊需要学生调整教材知识的考量标准，确保教学内容与教材核心知识落差和可接受性方面坚持最大化地使学生受益的原则。

异要求一般指同教材、同进度的情况下，根据学生的实际情况对教学内容、教学目标的基本要求适当调整或评价，评价角度应多种多样，从知识、能力、学习方法，到情感态度等，从多元化评价的视角制定学习标准。

异进度指在教学目标基本一致的情况下，考虑到学生智力水平和学习起点的不同，允许学生的学习速度有所不同，允许某些学生按照自己的速度学习。但在班级教学里学习速度的差异受限，差异大了做到同教材就有困难，视学生情况给予相应的教学辅导非常重要，建议引入协同人员共同教学。

（七）注重利用信息技术

在现代教学实践中，信息技术的充分利用可以为课程及其呈现提供更大弹性和信息容纳空间，为学生多样化的学习需求提供更多的满足方式。通用学习设计（UDL）提出，"利用现代技术的优势和可定制性，开展核心课程的教学实践，通过设计使学生在个别化的基础上获得这些课程"，利用数字媒介"多用性和可转换性、能够网络化、可以通过超链接与其他内容相连"等强大之处，制作数字文本为学生提供"嵌入式的学习支持（比如一个词汇表或者背景知识概要），使读者在不脱离任务的情况下持续学习"[1]。其对数字媒介

---

[1] ［美］Tracey E. Hall, Anne Meyer, David H. Rose. 学习的通用设计：课堂应用 [M]. 裴新宁，陈舒主译. 上海：华东师范大学出版社，2019年1月第1版，第7页。

及现代技术的应用对我们拓展课程传统载体很有启发。

有研究者尝试做了"数字化阅读环境"的创设,为学习者创设"支架式数字化阅读环境"(简称 SDRS),在《学习的通用设计:课堂应用》一书中指出:"数字化阅读环境配备使学生与文本直接互动的学习支持,让所有学生都能参与到对相同文本的阅读之中,文本中嵌入了因学习者的不同需要而变化的支持和脚手架[1]。"这样就能为不同的学习者更好地自主学习提供更加适合的结合点和适宜的、补位及时的支持。

【教与学的借鉴:UDL"数字化阅读"】

艾丽莎(Alisha)是一名小学六年级的学生,但她的阅读水平却处于三年级。现在她正在阅读经过通用设计的《斧子》艺术的数字版。……艾丽莎戴上耳机,按下朗读键,聆听文本朗读并随之跟读。在单词"荒野"处,她停了下来并点击单词。这时,屏幕上出现了带有图片的单词定义。当她继续阅读时,电子书提醒她停下来思考一下这个故事,并运用她所学过的某个阅读理解策略,进行预测、提问、阐明或概括。

她选择了概括。但是写一篇概要对艾丽莎来说是很难的,她不知道该做什么。或许一个提示会有所帮助?

---

[1] [美] Tracey E. Hall, Anne Meyer, David H. Rose. 学习的通用设计:课堂应用 [M]. 裴新宁,陈舒主译. 上海:华东师范大学出版社,2019 年 1 月第 1 版,第 26 页.

她点击策略提示按钮，此时就冒出一个"神怪"的动画形象，给艾丽莎一个提示。而所有提示都是以优秀概要的评价标准为基础的。"一篇优秀的概要需要捕捉最为重要的信息，包括主人公以及他们所面对的问题。""神怪"说道。

艾丽莎在屏幕中的回复框里键入了她的概要，并将这一即将发布的作业发送到自己的工作日志中。然后，她退出登录并加入同学们对小说的讨论中。她的所有作业被记录在一个有安全保障的在线工作日志里。在接下来的一周，艾丽莎与她的老师斯帕丁（Spalding）女士一道对日志中关乎策略的回复进行回顾。……

摘自：［美］Tracey E. Hall, Anne Meyer, David H. Rose. 学习的通用设计：课堂应用 [M]. 裴新宁，陈舒主译. 上海：华东师范大学出版社，2019 年 1 月，第 26 页.

三、课程内容调整的常用做法

根据融合教育具体教育对象的不同，在课程调整方面主要的具体措施有减量、简化、分解、替代、集中、拓展[1]等。其中，减量、简化、分解、替代等方法，是针对智力障碍及发展性障碍学生的学习需求所做的课程调整，集中、拓展等方法，是针对学有余力的超常学生所做的课程调整。从目前的实践情形来看，针对智力障碍及

---

[1] 林坤灿. 培训讲义，2016 年.

发展性障碍学生所做的几种课程调整最为常用。

（一）减量

在实际操作中，"减量"常常体现在对课程内容的删减方面，对有的障碍类型的学生来说，有些知识性的学习可以根据其接受能力和生活需要，将课程内容做适当删减，减少其学习困难。

如对圆周长的学习，普通学生要学习圆的周长和圆周率的意义及公式推导过程和方法，并会用公式计算圆的周长；对于有发展性障碍的特殊需要学生来说，则可以删去意义和公式推导这些学习内容，只要会用公式计算圆的周长就可以了。这种删减既减小了进行抽象思维的难度，又不影响相关知识在实际生活中的应用。

（二）简化

"简化"指对教学内容做出加工，删减相关度低的内容，保留主要的内容或重点的内容，减轻学生的学习负担，如简写课文篇章、抽取的段落等。

【教与学的借鉴：半瓶水的风度】[①]

半瓶水的风度（普通学生阅读资料）

我刚进公司，有一次，公司派我去机场接董事长。

那是第一次见董事长，我既紧张，又兴奋，提前很早就到了机场。天气很热，我口很渴，就在机场买了一

---

① 北京市小学融合教育教研组教研材料，2015 年。

瓶矿泉水。刚喝了几口,飞机就到了。我赶忙奔向旅客出口处,这时,手里的矿泉水就显得累赘了,半瓶晃晃荡荡的水,与我笔挺的西装显得格格不入——我怎么能拿着半瓶矿泉水去和我景仰的董事长握手?于是我把手中的矿泉水扔到了垃圾桶里。

这时,我看到了董事长。

他笑呵呵地向我点头,握手,他是一位随和的长辈,头发已经白了。我忽然看到他手中拿着一只矿泉水的瓶子,像别人一样,那是一瓶普通的矿泉水。他拿着那只瓶子和我说话,我注意到那瓶底只有一口水了,随着他的手在晃动,但是他没有丢掉它。

他拿着那只装有一口水的瓶子坐上了接他的车子。上车后我问董事长:"您是否口渴?"他摆摆手,然后把瓶中最后一口水喝完了。

我忽然知道了什么是真正的风度,真正的风度,就是做最自然的自己,做最自然的事。

一滴水可以折射阳光的七彩,一件小事可以折射一个人的修养、人格、经验、眼光。

那次之后,我懂了很多。

半瓶水的风度(智力障碍学生阅读资料)

我穿着(zhe)/笔挺(tǐng)的西装/去接董(dǒng)事

长，口渴了，买了一瓶矿泉水。刚喝了几口，飞机就到了。为了 / 不影响形象，把 / 喝剩下的水 / 扔进了垃（lā）圾（jī）桶。

董事长 / 是一位 / 随和的 / 长辈，他手里 / 拿着 / 一只矿泉水的 / 瓶子，那只是 / 一个 / 普通牌子 / 的矿泉水，坐上车后，他把最后一口水喝掉了。

我 / 忽然 / 知道了，什么是 / 真正的风度。真正的风度，就是 / 做最自然的 / 自己，做 / 最自然的 / 事。

我懂（dǒng）得了：一滴水 / 可以 / 折射阳光的 / 七彩，一件小事可以折射 / 一个人的 / 修养、人格、经验、眼光。

北京市融合教育小学教研组教研材料

（三）分解

分解是指把课程内容分为更加容易学习和掌握的学习单位，并加以施教，如体育教学中将完整动作拆解为分解动作，通过缩小学习单位保证学习的达成度。

（四）替代

替代是指用相似的课程内容代替某种特定课程内容的方式。通常在学生无法完成课程内容时采用，如有些腿部原因导致无法跑步的学生用座位原地跑替代跑；有些学生因与班级同学差异过大需要单独制定课程目标，设计课程内容。

另外，根据学生的需求，还可以适量增加更具可感性的学习材料，以增强特殊需要学生的感受，弥补感知体验的不足。如案例中"能联系上下文和生活实际，了解课文中词句的意思"，因小李理解间接信息有困难，对"联系上下文""结合生活实际"进行了详细的描述，将其调整为"能在理解课文整体脉络的基础上，结合生活经验、背景资料，在朗读、复述、讨论、仿说中，借助想象、重点词句、标点符号理解课文，获得初步的情感体验"。

值得注意的是，这些方法策略对课程内容的完整性、连续性都会产生一定的负面影响，在做调整时要根据实际需求为之，要特别注意，"'删'要慎重，'补'要适度，'改'要科学，'缩'要精当"①。

四、课程调整的注意事项

（一）课程结构的整体优化

课程的产生和发展，受到外部和内部的许多因素的影响。社会结构、科学结构和学生心理结构作用于课程实践和理论的内在因素，从而促进课程不断发展。确定课程的结构要根据系统论的原理，着眼于整体优化，各门课程都不能只强调本课程的地位和作用，应重视各层次、各类型课程的联系，校内外、课内外的教育教学活动应该统一规划。

---

① 周德林.随班就读课堂教学策略.师资培训讲义材料，2012年8月.

（二）加强课程的融合

为适应现代科学技术的发展和解决人类面临的种种社会问题，需要加强课程内容的综合，甚至开设综合课程。从世界范围来看，开设综合课程是课程改革的一个趋势。综合实践活动不仅有利于学生综合运用知识，提高解决实际问题的能力，对于特殊需要学生在实践活动中理解知识、运用知识也很有帮助。

（三）学校统筹协调安排，全校参与

特殊需要学生课程的调整不是仅靠一位教师就能做到的，它是学校行为，需要一个有共识的团队；课程调整也不是一蹴而就的，它具有科学性、系统性、综合性。特殊需要学生的课程调整要以融合教育为背景，以认知和社会性发展为核心，促进学生发展。

【提要】

当特殊需要学生与班级落差较大时，需要对学生参与的课程和课程内容进行调整，通过必修课程和选修课程结合、活动课程与学科课程结合、根据需要开设模块课程、提供课程资源中心、编写多样化的教材、利用信息技术等方式，使课程更加符合学生的实际水平，更加利于学习。

第七章　相守——获取专业支持

读到这里，相信你对普通学校教师和管理者为特殊需要学生提供的支持和帮助有了系统全面的了解，比如，着眼于学生的特殊需要所做的课堂教学调整（详见第六章）、关于接纳和差异的主题班会，或互相接纳和包容的班级氛围（详见第四章），这些都是融合教育质量的保障。或许你更困惑的是有时候即使班主任、任课教师以及学校都做了相应的调整，有些学生依旧会出现情绪不稳定、行为不适当、学业成绩不理想等问题，而对其他大部分同学有效的方法或策略对这些学生的效果并不明显，教师和学校可能会因此感到无奈和挫败，有没有特殊教育专业人员可以协助解决这些问题呢？如何获取他们的支持与帮助呢？

本章第一节将介绍那些能够提供专业支持服务的人员和机构，帮助教师了解他们能做的事，以及在哪里能够找到他们，以便在需要的时候寻求帮助。第二节将说明哪些学生可以申请专业支持服务，以及如何申请。第三节勾勒出针对个体的个别化教育计划框架和拟订思路，作为提供精准服务的参考。

> 【本章重点】
>
> 1. 在融合教育中遇到困难，可以到哪里求助？谁能提供专业支持？申请原则和程序是怎样的？
> 2. 不同学生所需的特殊教育支持服务为什么不同，如何划分？
> 3. 应该给予班里的特殊需要学生哪些支持？如何精准地描述他的现状和需求？为他提供的个别化教育计划包含哪些要素，拟订的思路是怎样的？

第一节 谁能为特殊需要学生提供支持服务

【案例：雷雷的入学咨询】

雷雷是个 6 岁男孩，有唐氏综合征，2019 年 9 月面临幼升小。为了找到适合的学校，他和爸爸妈妈到区特殊教育研究指导中心咨询，老师为他们讲解了特殊需要学生入学安置政策，建议他们对户籍所在地的学校和区里的特殊教育学校进行深入了解，看看哪里更适合雷雷。在参观和交流中他们了解到，特殊教育学校的教育康复资源充足，教师专业化水平高。户籍所在地的普通学校除了班主任和任课教师，还有可以提供特殊教育支持的资源教师，区特殊教育研究指导中心也有定期来学校指导的巡回指导教师。无论雷雷在哪个学校就读，都可以享受到一些特殊教育支持服务。

家长认为雷雷能够到普通学校学习。他的班主任赵老师一直担任班主任工作，曾经参加过特殊教育培训，在实践中积累了经验，学校建立资源教室时被选拔为资源教师。她为雷雷提供了很多支持，比如，和同学建立良好同伴关系、培养规则意识等。资源教室的心理教师对雷雷进行了综合评估，康复教师为雷雷提供了专门的训练方案。区特殊教育研究指导中心对雷雷也给予了关注，负责巡回指导的李老师定期到学校了解雷雷的情况，提出建议和指导。

除了学校提供的支持，雷雷还得到了社工小圆的关注，她经常邀请雷雷一家参加社区活动，向居民介绍雷雷的情况。

每一个学生都是独特的，特殊需要学生之间的差异也是多样的。满足学生的特殊需要，需要一个多元的团队，提供多样化的支持服务，如资源教师、康复教师、心理咨询人员、社工等。

特殊教育支持服务人员指的是当前教育体系中能为学生提供特殊教育支持服务的人员，包括特殊教育专业服务人员，如资源教师、巡回指导教师、驻点支持教师、康复教师等；其他相关服务人员，如学校心理教师、助教、社工等。你可能会频繁地接触到他们，也可能只是偶尔和他们有一些合作。下表介绍了当前常见的特殊教育支持服务人员。

类型	人员	主要职责
特殊教育专业服务人员	资源教师	开展学校资源教室工作，服务学生、教师和家长
	巡回指导教师	区域内融合教育的引领、实施、指导、监督和评价工作
	驻点支持教师	在一定时间内驻扎学校，服务学生、教师和家长
	康复教师	运用康复原理与技术，服务学生、教师和家长
相关人员	心理教师	运用心理学原理与技术，服务学生、教师和家长
	融合教育助教/陪读	在普通班级中，协助和服务学生与教师
	社工	运用社会工作相关技术，服务学生、教师和家长

一、特殊教育专业服务人员

特殊教育专业服务人员大多拥有特殊教育专业背景，如特殊教育、教育康复等，他们有的在普通学校担任资源教师工作，有的担任驻点支持教师工作，有的担任巡回指导教师工作，还有的担任教育康复工作。他们有的在一所学校里工作，有的在多所学校间巡回工作，还有的在固定的场地工作。

（一）资源教师

1. 资源教师能提供的服务

资源教师是在普通学校中为特殊需要学生提供服务的专业人员。案例中的赵老师，作为资源教师可以为雷雷及其他特殊需要学生和他们的家长以及其他任课教师提供以下支持服务：对雷雷的教育情况进行追踪和个案管理；在必要的时候开展评估，了解教育起点；组织各学科教师针对雷雷的现状和特征进行教育教学调整，拟订个别化教育计划并落实；当教师在课堂教学中遇到困难时，提供教学支持；针对雷雷的学习和发展需要提供学习辅导、补救教学以及康复训练；为教师和家长提供咨询服务；定期评估雷雷的教育效果，提出改进建议。

从工作内容看，资源教师的工作无论对普通教师还是特殊教育专业教师来说都充满挑战，因此，学校资源教室中的工作可能由一位资源教师或多位资源教师组成的团队共同承担。比如，朝阳区实验小学新源里分校的资源教师团队已从17年前的1名资源教师扩充到包括1名资源教室负责人和多名资源教师在内的团队，资源教师团队中有的负责融合教育评估、安置和个案管理工作，有的主攻学习能力提升和学业辅导，有的侧重情绪和行为问题改善，还有的运用言语治疗、运动治疗等技术为学生提供康复服务。资源教师团队结构的多元带来资源教室服务的多样化。

大多数学校可能只有一名或很少数量的资源教师，他们有些全面负责资源教室工作，就像全科医生；有些在全面负责资源教室工作的同时又有自己的专长，就像擅长治疗某种疾病的全科医生。他们为普通教师和特殊需要学生提供便捷的特殊教育支持服务，是学校里受欢迎的人。

当班里出现特殊需要学生时，资源教师会和普通教师一起开展评估工作，并拟订个别化支持服务的方案，这一工作的具体步骤会在本章第二节中具体说明。因为他们面对着数量较多的特殊需要学生和教师，往往需要更多的协助，比如提供教育教学建议，为学生提供康复训练方案，请教师和家长协助实施。当然，他们也会有不能确定问题原因、找不到对策、需要专业支持的时候，并不能期待他们以一人之力解决所有的问题。

2. 每位教师都有成为资源教师的机会

从现有资源教师的专业背景看，各学科教师都有成为资源教师的机会。普通教师可以全面了解资源教师的工作，了解特殊教育专业技术，做资源教室的主持人。教师可以将自己的教育教学长项应用于特殊需要学生，促进他们的发展和成长，比如，如果一位教师喜欢美术，那么就可以研究艺术创作对特殊需要学生情绪调控、空间想象、精细动作控制等方面的作用，提供艺术治疗康复服务；语文老师可以将平日累积的阅读理解技巧教给特殊需要学生，或许可以整理出一套有梯度的训练项目，成为擅长学业辅导的资源教师；经验丰富的班主任可以对不适当的行为进行分析和干预，成为解决情绪和行为问题的高手；即便是负责资产管理工作的后勤人员，也可以关注学生的特殊需求，寻找和开发使用便利、满足需求、提升教育和生活品质的设施设备，成为学校里的无障碍专家……

总之，无论在学校里承担什么工作，只要能将其与学生的特殊需要相结合，就能为特殊需要学生提供专业服务。从这个角度看，资源教师并没有增加新的工作内容，反而将每个人擅长的东西拓宽了应用范围，加深了思考深度。它可以促使教师把握并运用学科和教育的本质，真正将"带学生学习"变为"运用某个媒介促进学生进步"。资源教师的工作促进教师专业成长的案例在北京比较常见，很多资源教师都成为学科骨干教师或教育教学管理者。正如海淀区东升实验小学的王妍老师所说，美术不仅能培养学生的审美力、创造力，还具有令学生精神放松、情绪缓解、正向行为增加的功能[①]。

（二）巡回指导教师

1. 巡回指导教师能提供的服务

巡回指导教师通常由区域特殊教育研究指导中心或者特殊教育学校教师担任，他们定期到普通学校为特殊需要学生、教师和家长提供支持服务。

在雷雷的案例中，负责巡回辅导的李老师是一名特殊教育学校教师，他除了在特殊教育学校任课，还负责6所普通学校中的8名特殊需要学生，他每周会在固定的时间到普通学校完成以下工作。为学校提供特殊教育技术支持，比如，针对雷雷应该参加什么社团等问题提出建议，在评估中帮助教师和家长看到学生的教育教学效果，解答班主任和任课教师的困惑，指导教师协调普通学生家长与雷雷家长的关系等。此外，他还负责为学校资源教室提供技术支持，如了解雷雷的个别化教育计划拟订与实施情况，提出建议并提供相关资源信息。最后，为学生提供康复训练也是他工作的一部分，如为雷雷做动作训练，调整训练方案等。

---

① 王妍. 我是资源教师. 首都特教微信公众号，2019.1.6.

2. 巡回指导教师与资源教师

巡回指导教师为学校提供融合教育所需的资源和信息，督导学校、教师，以及负责指导和协助学校资源教室工作。他们善于解决问题，不仅为教师和学校答疑解惑，还成为资源教师的专业后盾。

教师在日常工作中遇到问题时，可优先选择向资源教师寻求协助，当校内资源无法满足需求时，再向巡回指导教师寻求支持。

（三）驻点支持教师

1. 驻点支持教师能提供的服务

驻点支持教师是融合教育推进过程中的新角色。2016年，北京市西城区率先设立了10个中小学融合教育驻点支持教师岗位。首批融合教育驻点支持教师中4位来自特殊教育学校，6位来自普通学校。他们经过培训、考核后进入普通学校为特殊需要学生开展康复训练、学业指导，为教师提供融合教育培训，为家长提供咨询指导等。

杨老师是来自特殊教育学校的驻点支持教师，在区域内一所尚未建立资源教室的普通小学工作。她说自己首先是"消防队员"，需要"不停地灭火"；然后是"宣传员"，抓住每个机会向学校管理者和教师"讲解特殊教育与融合教育"；最后才是"资源教师"，引导教师和家长"学习专业技术，为学生提供各种训练"。做驻点支持教师的三年里，杨老师为4所普通学校提供了特殊教育支持服务。

2. 驻点支持教师与资源教师、巡回指导教师的异同

从工作内容上看，驻点支持教师与学校资源教师相似，不同的

是学校资源教师来自学校内部，驻点支持教师来自学校外部。

已经建立资源教室的学校通常有一定的特殊教育与融合教育基础，驻点支持教师所到的学校通常尚未建立资源教室，存在特殊教育基础薄弱的状况。

与巡回指导教师不同的是，驻点支持教师会根据学校需要，在较长一段时间内驻扎在学校，他们为学生提供的支持服务更具体和充足。

如果有较多特殊教育需求，而所在的学校尚未配备资源教师，可以寻求驻点支持教师的帮助。

（四）康复教师

1. 康复教师能提供的服务

康复教师是跨领域的专业人员，他们将医学与教育相结合，为学生提供专业支持。如多数唐氏综合征学生都存在肌张力低、容易疲劳、发音不清等问题，需要语言、动作等康复训练；有些学生存在吃手、攻击他人等情绪和行为问题，需要行为分析和干预……承担这些工作的就是康复教师。

尽管康复教师的工作会因为专业不同存在一些差异，但是通常包括以下内容，即收集和发现问题、评估分析、拟订和实施干预方案、评量干预效果并提出建议。

如果将资源教师和巡回指导教师比作全科医生，康复教师则是专科医生。他们可能是学校里某个学科的教师，也可能在特殊教育相关部门承担专门的康复工作。如果学生需要较多的特殊教育专业支持，可以在他们那里获得相应的评估和干预方案。

2. 每位教师都有承担教育康复工作的基础

2013 年，教育部批准华东师范大学以原言语听觉科学专业（本科）为基础开设教育康复学专业，是中国大陆首次招收该专业本科生。该专业的培养目标是：培养在特殊教育学校、普通学校资源教室、康复中心与民政福利院等机构中，既能从事特殊教育教学任务，又能承担各类康复训练任务的双师型人才。教育康复涉及言语、听觉、语言、认知、心理、运动等广泛的领域[1]。和资源教师一样，每位教师都有承担教育康复工作的基础。比如，体育教师将人体发展与运动和医学康复相结合，数学和语文教师将思维发展与认知相结合，在医学、脑科学的基础上审视自己的学科对特殊需要学生的开发和补偿作用时，就与康复越来越近了。如果说体育教师关注的是如何让学生腿部更有力量，动作康复教师则关注的是学生为什么走不稳，通过怎样的训练才能令其走稳。不是每位体育教师都能成为康复教师，但是每位体育教师都有承担教育康复工作的基础。

二、特殊教育相关服务人员

除了特殊教育专业服务人员，还有一些相关服务人员可以提供部分特殊教育服务，在融合教育中发挥着重要作用，如学校心理教师、助教、社工等。他们可能是学校工作人员，也可能来自校外其他机构。

---

[1] 杜晓新，刘巧云，黄昭鸣等.试论教育康复学专业建设[J].中国特殊教育，2013(6)：25—28.

（一）学校心理教师

1. 心理教师能提供的服务

案例中为雷雷提供评估的小李老师承担学校心理教育教师工作，通过个别辅导和团体辅导，指导帮助学生解决在学习、生活和成长中出现的问题，排解心理困扰，向学生提供发展性心理辅导和帮助，如亲子关系、同伴关系等。2012年颁布的《中小学心理健康教育指导纲要》指出，心理健康教育的总目标是提高全体学生的心理素质，培养他们积极乐观、健康向上的心理品质，充分开发他们的心理潜能，促进学生身心和谐可持续发展，为他们的健康成长和幸福生活奠定基础。心理健康教育的具体目标是使学生学会学习和生活，正确认识自我，提高自主自助和自我教育能力，增强调控情绪、承受挫折、适应环境的能力，培养学生健全的人格和良好的心理品质。对有心理困扰或心理问题的学生，进行科学有效的心理辅导，及时给予必要的危机干预，提高其心理健康水平。

很多教师在与特殊需要学生相处过程中经常会向心理教育教师求助，小李老师发现心理教育专业基础能够帮助教师客观分析特殊需要学生的需求，找到问题原因，解决和缓解一部分心理问题，但是对于特殊需要学生的特点和局限性、评估工具和干预方法方面缺少了解，需要特殊教育专业人员的协助。

2018年，北京市特殊教育研究指导中心组建了市级特殊教育评估小组，小组中部分学员拥有心理学背景，承担学校心理健康教育工作。经过特殊教育培训并取得评估资格后，他们除了担负以往心理教育老师的工作，还针对学生现状提出学生是否需要特殊教育评估和个别化教育的建议。

如果你认为班里有疑似特殊需要学生，可以请心理老师协助进行初步的筛查，他们也可以提供相应的教育教学建议。

2. 心理教师与心理评估教师

小李老师正在从心理教师向心理评估教师转型。1954年美国学校心理学会成立大会上，对学校心理学的服务所做的规定为："由有教育经验训练的心理学家，应用心理测评、学习理论、人际关系的专业知识，辅助学校工作人员，促进所有儿童的成长，丰富他们的经验，并识别与帮助特殊需要儿童。"在这个模式中，没有提到心理咨询和治疗，也没有提到心理健康，而是首先以所有儿童为服务对象，然后才是特殊需要儿童[1]。学校心理教育教师在关注全体学生的同时，还需要发现和识别个别学生的心理问题，及时干预和转介。在没有资源教师的学校，一些尚未被诊断为特殊需要学生通常会作为个别生得到心理教师的帮助，如行为问题的分析和处理、家庭养育方式和亲子关系的调整等。就目前来看，学校心理教师因其心理学基础在评估和分析学生方面具有一定的优势，但是在为特殊需要学生提供评估和支持方面还有很大提升空间。

（二）融合教育助教／陪读人员

1. 融合教育助教／陪读人员能提供的服务

融合教育助教是在特殊需要学生所在的普通教育班级中，为学

---

[1] 吴增强. 论现代学校心理辅导模式 [R]. 上海：上海教育学院，1996.

生或教师提供融合教育支持的人员。他们可以协助学生参与学习活动，也可以在分组教学、个别辅导中协助教师完成其他学生的管理和指导工作。目前融合教育助教还比较少见，尚未形成成熟的特殊教育助教制度，较为常见的是陪读人员。

近年来除了家长陪读、家长雇用人员陪读，还有一些校外机构提供"影子教师""辅助教师""特殊教育助理员"等服务。2017年，北京东城区级特殊教育（研究指导）中心和东城区残疾人联合会的相关部门进行了"专业陪读人员"的探索，由东城区残疾人联合会为学校提供经过一定专业培训的陪读人员，他们被安排到有需求的学校和班级，为学生提供学习和生活辅助，承担家校联系的工作。

2018年，位于北京朝阳区的市级孤独症教育康复训练基地开展了"融合教育助教"的探索，助教来自家长和教育相关专业的专科毕业生，经过融合教育理论培训和实践观摩后上岗。他们认为助教的职责包括：辅助特殊需要学生参与校园生活、活动和学习，管理学生行为和学习准备工作，监护学生安全，联络学校与家庭，协助学校和教师实施个别化指导和康复训练方案。

2. 融合教育助教/陪读人员的工作取向

朴永馨在《特殊教育辞典》中将陪读人员定义为"在特殊教育领域中充当课堂助手角色，以援助教师进行课堂教学的人员，他们可以包括家长"。台湾地区的《特殊教育相关专业人员及助理人员选用办法》第2条指出，特殊教育助理人员即陪读人员是指协助身心障碍学生学习及生活的人员[1]。2001年，美国颁布了《不让一个孩子掉队法案》(No Child Left Behind Act，简称NCLB)，规定"专业助手是幼儿园、小学和中学聘用的，由有资质的教师监管的人员"。2004年美国修订颁布了《残疾人教育改善法》(The Individuals with Disabilities Education Improvement Act)，规定"专业助手是协助普通教师和特殊教育专业人员为特殊需要学生提供特殊教育和相关服务的人员，他们需要接受恰当的培训和监管"[2]。由此可见，无论是融合教育助教还是家长陪读，其目标都是通过短期的协助，使学生能够独立融入集体。因此，我们需要将特殊需要学生视为集体中的个体，避免学生由助教单独负责而游离于集体之外的现象。

当特殊需要学生与班里其他同学之间的能力差距大，或因情绪和行为问题对集体教学有较大影响，经过调整依旧无法解决时，教师可以向学校或家长寻求融合教育助教阶段性的协助。

（三）社工

1. 社工能提供的服务

学校社会工作是指专业社会工作者运用社会工作的理论、方法和技术，为全体学生（特别是处境困难的学生）、教师、家长、学校和社区提供的专业服务。社会工作的目的是帮助学生或学校解决所遇到的某些问题，调整学校、家庭及社区之间的关系，发挥学生的

---

[1] 黄静怡.教师助理员协助一位多重障碍学生参与融合教育之个案研究[D].台北：台北教育大学，2010.

[2] 连福鑫，王雁.美国融合教育专业助手制度评析[J].比较教育研究，2016，38(01): 66—71.

潜能以及学校、家庭和社区的教育功能,以实现教育的目的。

案例中的社工小圆不仅帮助雷雷,还为社区里有需要的居民服务,帮助他们融合社区。她有时候是协调者,有时候是倾听者,有时候是实施者。

2. 学校社工的作用与工作内容

(1)帮助处境不利的学生

学校社会工作面向具有学业困境、人际关系困境、家庭生活困境、心理状况困境和特殊行为(如暴力倾向、网络成瘾或违纪)学生的特殊需求。学生的困境往往源于个人成长的家庭、学校、社会等外在环境,因此,重构处境不利的学生的环境是学校社会工作的切入点和重要内容。

(2)推进学生的知识学习、能力提升和人格发展

学校社会工作者应协助学校提供有利于学生学习的环境与条件,协助学生更好地完成社会化任务,为塑造学生良好人格特质发挥积极作用。具体来说,学校社会工作应在以下方面针对学生的需求开展工作:与健康成人和益友的联系能力,明确自我身份和有效处理冲突的社交能力,情绪控制和表达能力,学业发展和认识能力,采取行动的能力,分辨是非的能力,自我效能感和亲社会规范。

(3)协调各方教育资源

学校社会工作者应促进学生、家长、学校和社会之间形成合力,促进不同社会服务之间的联系,进而促进学生的发展。

为了上述目标的实现和作用的发挥,社会工作者需要熟悉包括

教育学、社会学、心理学等专业的知识，掌握个案工作、小组工作、社区工作等实务方法，了解项目化运作模式，坚持包括接纳、尊重、同理、个别化等多种原则在内的价值追求和伦理规范。

三、特殊教育支持服务机构

当你需要特殊教育专业服务人员协助的时候，应该到哪里申请呢？目前，北京在政策及配套机制的保障下，以服务于特殊需要学生个性化需求为目标，初步建立起了四级特殊教育专业服务体系。

如图所示，北京的特殊教育专业服务体系从服务范围划分为四级：校级、学区级、区级、市级。

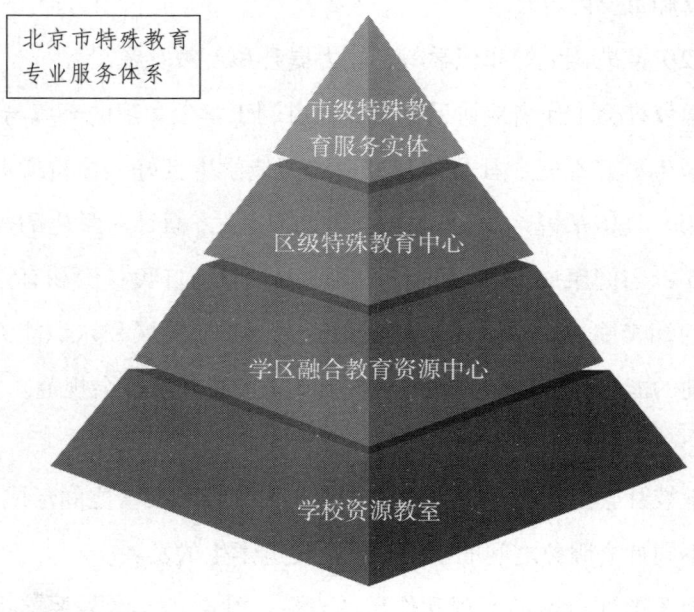

第一层级为学校资源教室,目前全市建设资源教室的学校超过300所;第二层级是学区融合教育资源中心,北京市的学区融合教育资源中心正在陆续建设中,各区均有布点;第三层级是区级特殊教育(研究指导)中心;第四层级是市级服务实体,包括市级特殊教育研究指导中心、市级听力障碍资源中心、市级视力障碍资源中心,以及市级孤独症教育康复训练基地等几个类别。其中,市级特殊教育研究指导中心设立于北京教育科学研究院,全面负责全市特殊教育研究及指导工作;市级听力障碍资源中心和市级视力障碍资源中心,分别承担全市的听力障碍、视力障碍学生的巡回指导及资源支持等工作;市级孤独症教育康复训练基地分布在孤独症高发区,承担区域及全市孤独症儿童的教育和康复训练工作。

从服务对象看,以上支持服务体系分为综合性服务机构和专项服务机构两种。综合性服务机构包括学校资源教室、学区融合教育资源中心、区级特殊教育(研究指导)中心;专项服务机构包括孤独症教育康复训练基地、听力障碍资源中心、视力障碍资源中心。

各服务机构有不同的服务职能。

	服务机构	服务范围	服务人员(人员可交叉)
综合性服务机构	学校资源教室	校内	资源教师、康复教师
	学区融合教育资源中心	指定区域	管理者、资源教师、康复教师
	区域特殊教育研究指导中心和特殊教育学校	区	管理者、康复教师、巡回指导教师、资源教师、驻点支持教师、研究者
	市特殊教育研究指导中心	市	管理者、研究者、巡回指导教师

续表

	服务机构	服务范围	服务人员（人员可交叉）
专项服务机构	孤独症儿童教育康复训练基地	市、区	管理者、康复教师、巡回指导教师、研究者
	视力障碍资源中心	市、区	管理者、康复教师、巡回指导教师、研究者
	听力障碍资源中心	市、区	管理者、康复教师、巡回指导教师、研究者

（一）综合性服务机构

综合性服务机构的服务对象为服务范围内的各类特殊需要学生，以及他们的任教教师和家长。

1. 学校资源教室

（1）资源教室建设情况

2001年，北京市启动第一批资源教室建设项目，以保障和提升融合教育质量，目前全市建有资源教室的学校超过300所。资源教室工作由资源教师承担，可以从资源教师的工作内容中了解资源教室的工作内容。

（2）资源教室支持服务

资源教室面向学生、教师和家长提供的支持服务主要有以下五项：一是协助和监督学校融合教育的实施，掌握学校特殊需要学生的总体情况。在教育管理方面，做好特殊需要学生的班级安置，收集、整理、保管学生的个案材料，做好学生的转衔对接服务；在教学方面，协助教师拟订和实施个别化教育计划。二是为学生提供专项训练和资源。根据学生实际需求拟订和执行训练计划，如学科补救、生活辅导、社会适应以及基本康复训练等。提供学习资源和辅助资源。三是为教师提供支持。为融合教育教师提供间接和直接的专业支持，如提供特殊教育资讯，组织融合教育教师开展特殊教育理论和技能培训。四是为家长提供支持。为学生家长提供咨询，开展相关培训，指导特殊需要学生的家庭教育。五是融合教育宣导。参与指导学校教育活动，营造多元包容、互帮互助、和睦相处的融合教育环境。

2. 学区融合教育资源中心

（1）学区融合教育资源中心建设情况

2018年，北京市在各区统筹建设学区融合教育资源中心，以弥补区域资源教室分布不均衡的问题。学区融合教育资源中心既是学校资源教室的技术支持后盾，又为尚未建设资源教室学校提供特殊教育支持服务。简单地说，学区融合教育资源中心既为学校资源教室提供技术支持，也为没有资源教室的学校提供部分资源教室服务。

（2）学区融合教育资源中心支持服务

学区融合教育资源中心有服务区域的资源教师，可提供特殊教育资源和信息。

他们为区域内的普通学校、教师、学生和家长提供的服务有以下五项：一是为学校、教师和家长提供指导。对区域内及区特殊教育中心适配的特殊需要学生进行基本的教育评估,并指导学校教师为特殊需要学生拟订个别化教育计划和训练计划,指导家长制订家庭支持计划。二是为学生提供康复训练和指导。为区域内及区级特殊教育研究指导中心适配的特殊需要学生提供专业指导或训练。三是为教师提供咨询和培训。为区域内融合教育教师开展融合教育理论与技能的咨询、培训或研习,定期组织教学研修。四是为学生家长提供特殊教育咨询服务。指导家长开展家庭教育和训练。五是统筹资源和协调关系。整合、调配、使用好区域特殊教育资源,密切与相关部门的业务联系,为区域内的学校提供融合教育服务。

3. 区级特殊教育研究与指导中心与特殊教育学校

(1)区级特殊教育研究与指导中心与特殊教育学校的建设和转型

区级特殊教育研究与指导中心是近年来各区融合教育和特殊教育发展带来的新变化。全市多数区级特殊教育研究与指导中心由特殊教育学校转型而来,也有一些区级特殊教育研究与指导中心为单独设立的部门。你需要了解所在区特殊教育研究与指导中心与特殊教育学校的关系,无论特殊教育研究与指导中心是单独设立还是由特殊教育学校承担,在校内无法满足学生需求,需要引入校外资源支持时,请优先向特殊教育研究与指导中心提出申请。

(2)区级特殊教育研究与指导中心提供的服务

区级特殊教育研究与指导中心大多有经验丰富的巡回指导教师,还可以协调区域内的特殊教育资源,并引入区域外的资源。他们面向全区的融合学校、特殊需要学生及其家长,以及任课教师提供支持服务，服务内容主要包括以下七项：一是为学生提供备案和安置服务。负责全区特殊需要学生的审核与备案，接收、审核普通教育学校提出的特殊教育专业支持服务申请，提出适配安置方案，协调落实所需专业支持服务；二是组织开展及管理全区的巡回指导工作和送教上门工作；三是指导、监控普通教育学校个别化教育计划拟订和实施，为特殊需要学生的教育训练提供指导；四是组织区级特殊教育、融合教育教研活动，针对全区特殊教育和融合教育中的重点、难点及热点问题，开展教育教学研究，提高教育质量；五是指导普通教育学校资源教室的建设和运行工作；六是对全区特殊教育学校和普通教育学校的干部和教师开展特殊教育培训；七是为特殊需要学生家长提供咨询服务，指导特殊需要学生的家庭教育。

从服务内容可见，区级特殊教育研究与指导中心既是管理者和监督者，又是直接服务于学生、教师、家长的专业工作者。

下表展现了学校资源教室、学区融合教育资源中心、区级特殊教育研究与指导中心主要任务的不同。

支持服务机构	学校资源教室	学区融合教育资源中心	区级特殊教育研究与指导中心
主要任务	满足校内特殊需要学生需求，提升和保障他们的教育质量。	为学区内尚未设置资源教室的学校提供特殊教育支持；为学校资源教室提供技术和资源支持。	统筹全区特殊教育资源，满足在不同学校就读的特殊需要学生的需求，保障教育质量；为学校资源教室、学区融合教育资源中心提供技术和资源支持。

(二)专项服务机构

专项服务机构的服务对象较综合服务机构单一,如孤独症儿童教育康复训练基地主要为孤独症学生、教师和家长提供支持。当学校资源教室和学区融合教育资源中心不能满足学生特殊教育专业服务需求时,专项服务机构可为其提供技术支持。

1. 孤独症儿童教育康复训练基地

（1）孤独症儿童教育康复训练基地的设置情况

2017年,北京根据孤独症学生的分布形态和增长趋势,在全市统筹建设市级孤独症儿童教育康复训练基地。

（2）孤独症儿童教育康复训练基地提供的服务

孤独症儿童教育康复训练基地面向孤独症学生、教师、学校和家长提供的服务主要有以下六项：一是为学生提供评估和训练计划。基地接受市区特殊教育研究指导中心的协调,为孤独症学生开展教育评估、教育训练、康复训练,为其家长拟订家庭支持计划；二是为需要从集体中抽离出来进行单独训练的学生提供专业训练,为学校教师提供个别化教育计划及教育训练的指导,为家长提供家庭训练的指导；三是面向承担孤独症学生教育的学校和教师提供培训、研修和咨询等服务；四是面向孤独症学生家长和家庭提供咨询、培训、指导等服务；五是开展社会宣导活动,提升社会对孤独症学生的接纳度；六是整合孤独症学生教育康复的相关信息和资源,提供多样化的专业服务。

2. 视力障碍资源中心和听力障碍资源中心

同孤独症儿童教育康复训练基地的设置目的与职责一样，视力障碍资源中心和听力障碍资源中心致力于为视力障碍和听力障碍学生、任课教师、家长提供咨询、培训、训练、指导等服务，以保障他们在融合教育环境中的教育质量。

北京市特殊教育支持服务团队中的支持服务人员和机构，构成了以政府为主导的特殊教育支持服务网络，以满足普通学校实施融合教育的各方面需求。随着融合教育的进一步推进，支持服务网络也会不断丰富。

四、社区支持在融合教育中的作用

（一）社区为融合教育提供的支持

前边案例介绍的特殊教育支持服务人员中的社工小圆，和她所在的社区为特殊需要学生和家庭提供了入园沟通等支持。除了对学生的支持，社区还为融合教育学校提供政策和文件解读、安全隐患排查、社区内资源统筹、学校与居民和各单位的关系建立、学校与特殊需要学生家庭间的关系协调、融合教育宣导、为学校提供多元培训、重大节日慰问等支持服务。如协调辖区内的消防队，与学校共同开展"我和消防战士有个约会"的主题活动，增进辖区内单位对学校和特殊需要学生的了解，宣传融合教育理念，使学生在活动中开阔视野、学习知识，在交往中体验消防员的苦与乐，提高交往能力。

（二）融合教育学校与社区的相互支持

社区为融合教育学校提供支持，学校也向社区开放，共享教育资源，服务于社区，以及社区内的居民与单位。社区促进学校发展，学校也带动社区提升。

学校，特别是公立学校，在管理上隶属于教育部门，在社区中具有一定的独立性。学校要争取社区对融合教育的支持，使社区成为学校的伙伴和协助者。以下内容介绍了几种与社区合作的方法。

1. 师生树立正面形象

学校的学生、家长和教职员工在社区中生活或工作，每个人都是学校形象的代言人，如学生放学后在小区中的行为举止，家长在接送学生时的停车位置，教师在学校广播中的言语，甚至是学校的对外公示栏……学校中的每个人都透过各种细节勾勒着学校的形象。

融合性学校更加受人关注，有些居民还会带着对特殊教育的好奇或固有认识有意地观察着学校。学校需要对学生、家长和教师进行相应的教育，培养其良好品格和行为，为学校树立正面形象。良好的行为举止不仅可以树立学校的正面形象，促进社区和居民对学校的接纳，也是对融合性学校和特殊需要学生潜移默化的宣传，最重要的是可以激励家长和教师成为学生的榜样，让每一名学生成为受社区欢迎的人。

2. 成为社区中的服务资源

学校作为社区的一员，其独特的教育资源对社区具有重要的意义和作用,和社区共生共长的前提是学校成为社区的服务资源,甚至是辖区内资源共建的榜样。学校的场地、教师、课程、学生等都可以为社区服务。如学校图书馆、操场等场地,在保障教育教学顺利开展的前提下,适时适度向社区居民开放;为社区居民提供阅读、科学、艺术等多样的开放性活动,不仅可以丰富社区文化生活,还可以增强学生和教师服务社区的意识;为社区提供居民楼内文化布置、社区清洁、协助居民需求调研等服务,既可以增进师生与社区居民的互动,也为学生创造社区实践机会,使双方受益。

3. 推广融合教育理念

成为社区服务资源使学校和社区有了密切联系,双方的文化和理念也会在联系中相互渗透,为学校向社区推广融合教育理念奠定基础。推广融合教育理念的方式多种多样,实施重点有两个,一是让社区和居民体验与感受融合教育的包容与公平,使其认同融合教育的价值观,避免生硬灌输、博取同情怜悯的做法。二是在设计活动时,使学校、社区和参与人三方受益。如学校面向社区居民开展"新年感恩"主题活动时,开设名师支招,科学、艺术、劳动体验活动,趣味运动会等板块。在活动中,学校请特殊需要学生和家长与其他学生一起担任志愿者,承担讲解、拍照、引导、示范等工作。在活动后,学校和社区居民一同就活动感受和改进建议进行座谈。居民在活动中获得知识、培养兴趣、丰富生活,对学校和特殊需要学生,以及学校文化有了深入的理解;活动成为学校宣传融合教育的平台;学校和学校文化在活动中得到了推广,师生和家长得到展示与锻炼机会。

4. 共享社区资源

在为社区服务和推广融合教育理念的过程中,学校发挥教育资源优势,成为社区的合作伙伴,服务于社区居民和辖区中的其他单位。作为社区中的一员,学校也应积极引入社区优质资源,服务于学校。首先要了解辖区内的资源,如场地资源、人力资源等;然后对接学校、师生需求;最后向社区提出需求,请社区协助联系,解决问题。如附近酒店的游泳池可以满足有些学生加强游泳练习的需要。学校提出有些学生需要借用游泳池做康复,社区负责联系酒店,介绍学校和融合教育理念,以及学校为社区提供的服务,并讲明学生的需求,请酒店作为辖区内单位为社区和居民提供支持。在社区的动员下,酒店除了在指定时间提供两条泳道,还提供了救生员服务。

除了场地资源,人力资源对学校发展也具有非常重要的作用。社区内最活跃的居民是老年人,他们有着丰富的生活和工作经验,可以为学校提供志愿服务,借助兴趣爱好和特长为学生和教师提供讲座和指导。如刘叔叔退休前在法院工作,到学校做未成年人法制讲座;张奶奶喜欢昆曲,在学校组建昆曲社,激发学生对传统文化的热爱之情;王爷爷是离休军人,学生非常喜欢听他讲"过去的故事",敬重他为国家所做的贡献。

5. 与社区共同发展

与社区共同发展体现在参与社区发展与邀请社区参与学校发展

两方面，突出了学校与社区间的共进关系。参与社区发展指学校作为辖区单位代表参与社区规划的建议和重大活动等，将融合教育理念融入社区文化，建设融合社区，并承担服务任务。如学校倡议辖区内单位组成"每日拜访"小分队，鼓励各单位在适当的时间拜访独居老人，陪伴他们并尽力为他们提供生活上的便利。学校率先成立包括特殊需要学生在内的小组，参加社区每日走访活动。社区内敬老爱幼的风气为学校融合教育的发展提供了良好的氛围。

邀请社区参与学校发展是指学校邀请社区、居民代表和相关单位代表参与学校计划制订、重大活动、开放日等。学校将社区资源作为智慧库，为学校的创新发展提供新思路，社区内的居民和单位涉及各行各业，从不同视角审视学校和教育，为学校出谋划策，为教师的教育教学提出建议，拓宽学校管理者和教师的视野。

【提要】

　　特殊需要学生在面对自身和外界双重挑战的同时也给教师、学校和家长带来挑战。特殊教育支持服务人员和机构所构成的支持服务体系，试图为学生、家长、教师和学校提供技术支持，以协助他们应对挑战，满足学生的教育和康复需求。

　　目前较为常见的特殊教育专业支持服务人员包括资源教师、巡回指导教师、驻点支持教师、康复教师，相关服务人员包括心理教师、助教和社工。值得注意的是这些是目前较为常见的支持服务人员，随着融合教育实践研究的深入，支持服务人员结构会不断充实和丰富。

北京市支持服务体系架构的建设基本完成,已形成综合服务机构与专项服务机构相结合的层级支持服务网络。

当学校、教师和家长通过努力依旧无法满足特殊需要学生的教育和康复需求时,可根据区域特殊教育资源分布和需求现状,向支持服务人员与机构提出申请,获取专业服务。

第二节 怎样获得特殊教育支持服务

【案例:五位小朋友的特殊待遇】

小方二年级时在数学的解决问题和语文的阅读理解方面出现了较为明显的困难,专业评估发现小方智力发育迟缓,属于轻度智力障碍学生。学校资源教室与小方的数学和语文老师针对其学业问题调整了教学目标。在课堂上,老师通过小组学习的形式鼓励小方和同学共享学习策略,互相学习,提升小方参与课堂学习的质量。通过教学目标和学习方式的调整,小方在学业检测中基本能够达到合格水平。四年级时,小方数学学科的问题更加明显,资源教师为小方制订了学习能力提升计划,每周提供3次一对一辅导。第二次辅导时,小方问资源教师:"为什么我一个人做练习,是因为我笨吗?"随后拒绝到资源教室接受辅导。资源教师进行了反思,组建了不同学业问题学生的冲关挑战社团,每周活动3次。辅导形式改变后,小方继续参加辅导直到小学毕业,并顺利通过了各学科的测试。

小鱼是个非常英俊的孤独症男孩,他和妈妈在新生入学前的一周就每天到学校认识教室和活动场所的位置,学习使用水池、厕所等公共设施,点数班里的桌椅数量,查看时间安排和课表,读班级学生名册,看任课教师的照片,以了解和熟悉校园生活。资源教室对小鱼进行了评估,认为身体机能发展滞后会影响小鱼的课堂学习,为他制订了家庭训练计划,进行密集训练。开学后,该计划的部分训练内容由资源教师在课间操时单独指导小鱼完成。两个月后,小鱼在课堂中基本能够维持坐姿并跟随学习,不再需要单独的辅导。

小杰身患脑瘫,四年级。他有很多搭档,峰峰是他的口风琴搭档。起初,他们很难在一起合作,小杰觉得峰峰的节奏掌握不好,总是不能在自己换气之前完成弹奏;峰峰怨小杰气息控制不好,害得自己没办法按节奏弹奏。音乐老师分析了这对搭档的优势和面临的挑战,他们自创了"手指互相指挥法",每次演奏的时候,他们都肩并肩、手拉手,一个人吹一个人弹,当大家都惊讶于这样的默契时，他们紧紧拉着对方的手相视而笑。

　　资源教师和班主任为一年级孤独症学生阿凡提供了课程调整和抽离式的动作训练。持续3个月后，阿凡依旧存在不征求意见就拉同学的手，随便拿别人的东西等不适当的交往方式，造成部分同学和家长的不理解。经过申请与协调，孤独症教育康复训练基地的老师为其提供了全面的评估，拟订了小伙伴小组和家庭养育方式调整的干预方案，为家长和教师提供了培训。在初始阶段，阿凡不仅要保持原有的一对一康复训练，还要和爸爸妈妈一起每周到孤独症教育康复训练基地接受两次亲子互动的现场观察和分析指导。虽然家长认为阿凡离开集体的时间较多，但是考虑到"抽离是为了更好地融入"，还是接受了这样的安排。4个月后，阿凡和同学的交往趋于正常，能够征求别人的意见，并根据反馈调整自己的行为，不再需要到孤独症教育康复训练基地接受辅导了。

　　本章在第一节介绍特殊教育支持服务人员和支持服务机构，本节则会告诉你在什么情况下，到哪里去申请特殊教育支持服务。

一、特殊教育支持服务申请的前提

　　从小方和小鱼的案例中可以看到，同样是特殊需要学生，他们得到的支持服务却是不同的，学校和老师为小方提供了集体教学中个体学习目标的调整、课堂教学策略的调整,以及从集体中抽离出来的一对一辅导和小组学习;小鱼在新生入学前得到了为其单独设计的校园适应辅导,在入学后得到了从集体中抽离的一对一训练,还得到了持续的家庭训练指导。支持服务取决于个体的特殊需求,因人而异。为什么小方四年级时才获得从集体中抽离的一对一训练与具有针对性的社团训练,而小鱼一入学就获得了支持服务呢?申请特殊教育支持服务的前提是了解学生对特殊教育支持服务的需求程度,需求程度决定了提供什么样的支持服务的等级。

(一)特殊教育支持服务的等级

从北京市融合教育实践经验与成果看,特殊需要学生的支持服务根据空间、融合程度呈现出不同的等级,如下表所示,支持服务至少可以分为3个级别。

普通学校为特殊需要学生提供支持服务的等级

级别	对象	支持的方式和内容
第1级 集体中	能适应普通班级学习和生活的特殊需要学生	1. 班主任、学科教师、同学提供支持; 2. 课程和教学目标调整、课堂教学调整,如小组学习任务分配、具有针对性的作业等; 3. 根据个体情况提供的支持方式,如伙伴提醒、奖励办法与代币制的使用等; 4. 学生情况追踪和适时调整。

续表

级别	对象	支持的方式和内容
第 2 级 离开集体的时间较少	大部分时间能适应普通班级学习和生活，需要增加少量额外支持的特殊需要学生	1. 资源教师、班主任、学科教师、同学提供支持； 2. 包含第 1 级的支持内容； 3. 针对个体设计和执行少量或短期的抽离方案，如情绪调整、康复训练等； 4. 资源教师定期访谈和适时调整。
第 3 级 离开集体的时间较多	大部分时间能适应普通班学习和生活，存在一定的困难，需要增加较多额外支持的特殊需要学生	1. 包含第 1、2 级的支持内容； 2. 针对个体设计和执行较多的持续的抽离方案，如补救教学、康复训练、行为干预等； 3. 资源教师入班支援和适时调整。

从特殊教育支持的空间看，特殊教育支持分为集体中和抽离式两种，抽离式又分为离开集体的时间较少和离开集体的时间较多两种。如小方二年级时，资源教师与学科教师在集体教学中为小方提供支持；四年级时，资源教师为其提供了每周 3 次的抽离式的社团活动支持。小鱼直到新生入学后的两个月才回到班级上课间操，此前一直接受抽离式的一对一训练。小方和小鱼的抽离式特殊教育支持将常规社团活动和课间操替换为有针对性的学习能力训练和康复训练，其他时间依旧在原班级中学习和生活，离开集体的时间相对较少，所获得的特殊教育支持属于第 2 级支持，其中小方二年级时获得的支持属于第 1 级支持。

（二）不同等级支持服务的异同

第 1 级支持服务是在集体中，即通过调整班级环境和教育教学活动，使之能够促进所有学生的参与和获得。调整并非只针对特殊需要学生，他们只是其中的一个个体，教师在课堂教学中根据学情调整教学目标和策略，根据练习出错的原因为学生布置不同的追测题，针对某些班级中突出的问题召开主题班会，在集体中关照到不同学生，为学生提供第 1 级支持服务，可以说每位教师都是第 1 级支持服务的提供者。

第 1 级支持服务的内容包括第四章融合班级建设和第六章融合性课堂教学策略调整中的内容。需要注意的是集体中的特殊教育支持不仅来自教师，也来自同学或周围的环境。如峰峰与脑瘫男孩小杰的口风琴搭档，音乐老师通过小伙伴的形式解决了小杰无法参与合奏的难题，还帮助他收获了好朋友。

第 2 级支持服务是多数时间在集体中，少数时间采用离开集体的抽离式服务。学生在调整后的班级环境和教育教学活动中能够参与课堂并学有所获，但是这种调整并未完全满足其特殊需求。有时候即使你在集体中尽力关照每个学生，还是不能解决所有学生的问题，比如，某个学生家庭发生了变化、某个学生走神、某个学生迟到、某个学生领悟慢一些……因此，抽离也不单单针对特殊需要学生，学校中经常见到的"师生悄悄话""个别辅导"等，教师对学生进行的个体或小组辅导都属于抽离。教师为那些需要额外关照的学生"开小灶"，以解决他们的问题。第 2 级支持服务的提供者可以是资源教师、康复教师，也可以是其他教师。

第2级支持服务内容除了包括第1级中的内容外，还包括针对学生特殊需求，有计划、有步骤地借助特殊教育专业技术开展的面向个体或小组的支持。这种支持通常发生在一段时间中，抽离的时间短，频率较低，如小鱼熟悉校园的支持仅在进入陌生环境前的一周进行。

第3级支持服务是大部分时间在集体中，同时提供较多的抽离时间。学生接受具有针对性的个体或小组训练后，在调整班级环境和教育教学活动的基础上，依旧存在与班级同学落差大，参与和学习效果不理想的问题，给教师带来了很大的挑战，甚至带来挫败感，比如，教师已经在备课中为特殊需要学生设计了专门的练习题，在课堂中安排了适合的学习小组，提供了课后辅导，还指导家长进行家庭辅导，花费了很多精力和时间，但是学生依旧达不到教学目标的要求，这不是因为教师做得不够好，而是学生确实需要更加专业的支持。第3级支持服务需要专业人员，或专业人员和任课教师、家长合作完成。

第3级支持服务内容包括第1级、第2级中的内容，还包括更多密集和专业的个体或小组支持。这种支持通常持续时间较长，抽离的时间较多、频率较高。案例中的阿凡经历了从融合到抽离再回归班级的过程，其中，抽离提供了高频和密集的干预，化解了相关问题。

（三）选择适合学生的支持服务

三个等级的支持服务，从内容、频率、服务方式和人员方面均有不同，选择适合学生的支持服务要从以下几个方面入手。

1. **支持服务从最低级开始按序升级**

第 1 级支持服务如果尚未开展，即使得到第 2 级支持服务，也不能真正化解问题。如学业成绩不理想的学生，如果在课堂中没有得到及时的引导，仅凭课后单独辅导很难完成当天的学习任务。何况教师也没有那么充足的时间和精力，对于特殊需要学生来说更是如此。"向课堂要质量"的原则适用于每一名学生。如果不确定该如何在课堂中关注特殊需要学生，可以听取资源教师、巡回指导教师、驻点支持教师的建议。

2. **支持服务等级对应的是学生的需求而非障碍类型和障碍程度**

各种障碍类型的学生，甚至普通学生都有出现特殊需要的可能。不是所有孤独症学生都需要第 3 级支持，也不是所有普通学生都不需要支持。将所有学生看作学习者，发现他们在学习中遇到的挑战，给予支持。得到的支持越充分和有效，学生的挑战就越少。

3. **学生得到的支持服务等级是动态变化的**

有些学生的情绪或者学业表现一直比较稳定，也有些学生会出现大大小小的波动，有的情绪波动频繁或者起伏较大，有的学业遇到困难。这些都有可能带来需求的变化，支持服务的等级也会随之变化。阿凡不仅得到班主任和授课教师在教育教学中的关注，得到资源教师的抽离服务，还得到孤独症儿童教育康复训练基地的支持，在问题得到解决后，他不再到孤独症儿童教育康复训练基地接受辅导，支持服务等级从第 3 级降到第 2 级。无论是支持服务机构还是支持服务人员，所有对学生或教师的支持的目的都是辅助学生在集体中更好地融合，提升教育品质，而非通过抽离的方式减少学生融合时间，从而减少给教师带来的挑战。

4. 选择支持服务时需要尊重学生和家长意愿

支持服务作用于学生，对学生具有积极意义。接受服务的主体是学生，选择支持服务时需要考量学生的意愿，特别是第2级和第3级中抽离式支持服务的提供，务必要得到学生和家长认可后再申请，以避免产生误解或形成负面作用。如四年级的小方在接受第二次个别辅导时提出质疑"为什么我一个人做练习，是因为我笨吗？"虽然资源教师在后期采用了小组的形式，继续为小方提供支持服务，但是前两次个别辅导已经对小方产生了一定的影响。如果遇到不同意见，如小方对个别辅导的抵触，需要了解想法背后的原因。如果家长认为抽离意味着学生被班级授课教师抛弃，担心学生因为抽离耽误学习无法再回到集体中或被同学孤立等，需要向家长和学生讲解，以帮助学生得到支持，改善其在融合教育中的处境。在讲解无效，家长和学生依旧不同意时，可以向支持服务人员和机构寻求家校沟通方面的协助。

二、特殊教育支持服务的申请

当确定学生需要特殊教育支持服务时，需要"找对门儿""做对事儿"，才能更加快速地申请到教师和学生需要的支持。

（一）支持服务机构的服务对象的异同

当特殊教育支持服务不能满足学生需求时，原则上按照从学校资源教室到学区融合教育资源中心、区级特殊教育学校，到专项服务机构，再到区级特殊教育研究指导中心的顺序进行申请和获取。了解支持服务机构的主要服务对象，才能"找对门儿"。

图中可见，学生在班集体中无法满足需求时由学校资源教室提供支持；校内资源无法满足学生需求时，由学区融合教育资源中心、特殊教育学校提供支持，也可由孤独症、视力障碍、听力障碍等专项服务机构提供支持；依旧不能满足学生需求时，由区级特殊教育研究指导中心，以及市级特殊教育研究指导中心提供支持。

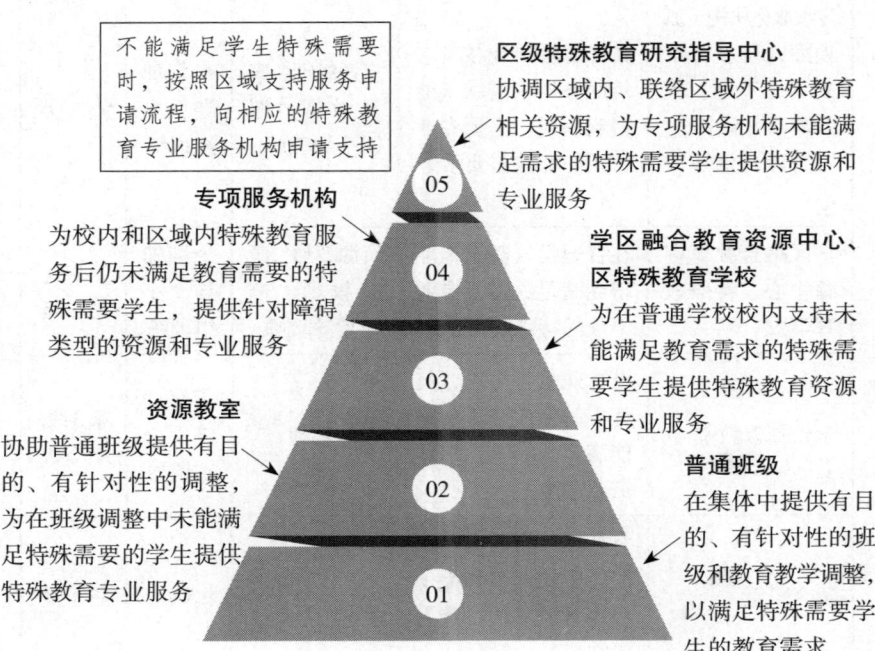

从支持服务对象及数量、服务人员、服务形式上看,支持服务机构的异同如下表。需要在审视特殊需要学生和现有支持服务状况的基础上,对照下表从下向上确定接下来向谁寻求支持。

支持服务机构	主要服务对象	主要服务团队	服务形式	支持服务等级
市级特殊教育研究与指导中心	需要更多资源共同服务的特殊需要学生	全市各服务机构和人员	统筹资源,按需提供	第3级
区级特殊教育研究与指导中心	需要区内特殊教育资源共同服务的特殊需要学生	区内各服务机构和人员	统筹资源,按需提供	第3级
专项服务机构(孤独症儿童教育康复训练基地、视力障碍资源中心、听力障碍资源中心)	在综合性特殊教育支持服务机构需求未能得到满足,需要专业干预的特殊需要学生	资源教师、康复教师、巡回指导教师	个别辅导、小组训练	第3级
学区融合教育资源中心、特殊教育学校	在普通学校需求未能得到满足,需要专业干预的特殊需要学生	资源教师、康复教师、巡回指导教师	个别辅导、小组训练	第3级、第2级
学校资源教室	有特殊教育需求,集体中的调整和干预未能满足其需求的特殊需要学生	资源教师	小组训练、个别辅导	第3级、第2级
融合班级	有特殊教育需求,在集体中做调整和干预可得到满足的特殊需要学生	班主任、任课教师、同学	集体中	第1级

（二）支持服务的申请流程

为了便于特殊教育资源的统筹，北京市特殊教育研究指导中心研制了融合教育中特殊教育专业服务申请的指导性流程，供各区结合实际情况参考和制定具有区域特点的服务流程。市级指导性流程如下图。

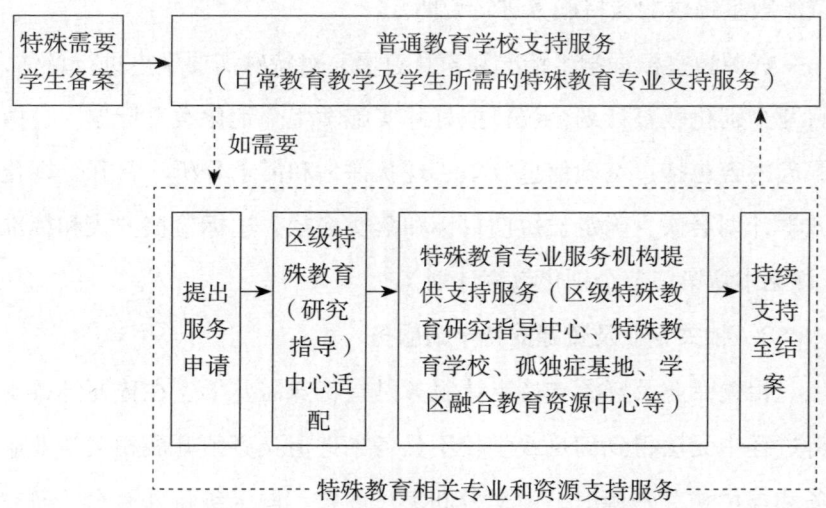

特殊教育支持服务申请流程包括特殊需要学生备案、普通学校支持、相关专业及资源支持申请、区级特殊教育研究指导中心资源适配、专业与资源支持服务五个环节。其中环节一和二在学校内部完成，环节三至五在特殊教育专业服务机构完成。

1. 特殊需要学生备案服务

特殊需要学生备案服务指学校按要求对所有特殊需要学生进行登记，并按时向区级特殊教育研究指导中心备案。区级特殊教育研究指导中心对全区所有特殊需要学生进行信息汇总，掌握特殊需要学生教育安置情况，为区域内特殊教育资源统筹提供参考。

2. 普通学校支持服务

普通学校支持服务包括融合班级教育教学调整与干预、资源教室支持服务两部分，前者在第四、六章已经详细阐述，这里主要对资源教室提供的支持服务进行说明。

资源教室根据学生情况和家长意愿，对特殊需要学生进行评估，召开个别化教育计划会议，拟订并实施学生个别化教育计划。具体服务内容包括：基础信息收集、现状评估和需求分析、召开个别化教学计划会议、确定长短期目标和落实途径、达标检核方式和标准（详见本章第三节个别化教育计划）。

3. 相关专业及资源支持申请服务

相关专业及资源支持申请服务是指特殊需要学生在普通学校支持过程中无法得到满足或学校不具备条件但又必须开展相关专业服务和提供相关资源时，由学校和家长商定，向区级特殊教育（研究指导）中心提出申请。支持服务申请由学校提出，并在家长同意的基础上签署意见。

申报时需要对学生现有问题进行描述，为区级特殊教育（研究指导）中心选派人员开展下一步工作提供参考。

4. 区级特殊教育研究指导中心资源适配和结案服务

区级特殊教育研究指导中心资源适配和结案服务是指接到申请后，组织专业人员对特殊需要学生进行专业评估，提出具体可行的、有针对性的相关专业和资源支持服务措施，确定与之匹配的支持服务提供者，并在服务结束后进行效果审核，批准结案。

阿凡的案例中区级特殊教育研究指导中心接到学校提交的申请后，指派巡回指导教师到学校调研，核实了阿凡的现状和学校提供的支持服务现状，肯定了学校和教师所做的工作，确认了阿凡在此基础上还需要专业人员的介入。根据隐患优先原则，区级特殊教育研究指导中心选取孤独症儿童教育康复训练基地为其提供支持服务。4个月后，家长和教师认为阿凡不适当的行为基本消失，能够用语言表达自己的需求，孤独症教育康复训练基地提出结案申请，区级特殊教育研究指导中心对支持效果复核后，批准结案。

当特殊需要学生被转介到支持服务机构后，通常需要教师和家长配合服务机构开展评估和干预；在支持服务结束前，支持服务机构需要教师和家长反馈干预的效果。因此，需要留意学生在接受支持服务前后的表现，必要时做一些简单的记录。

5. 专业与资源支持服务

专业与资源支持服务指提供专业支持服务的机构对特殊需要学生已得到的支持服务进行调查了解，提出可操作的调整意见，并为该生提供抽离式训练方案、学校支持建议和家庭支持建议，确保学生得到全方位的支持。

案例中接到阿凡的服务任务后，孤独症儿童教育康复训练基地根据学校和区级特殊教育研究指导中心提供的资料、家长访谈和实地观察，拟订了家庭调整和抽离服务方案，在家庭调整方面对教养方式和家庭成员间关系进行了调适;在抽离服务方面为阿凡提供了每周3次的抽离式小组活动。阿凡的任课教师也根据建议做课堂教学策略的调整。

(三) 特殊教育支持服务主体间的合作

班主任和任课教师在需要特殊教育支持时,向学校资源教师寻求帮助;尚未建有资源教室的学校,向学区融合教育资源中心或区级特殊教育研究指导中心申请资源教师和巡回指导教师的支持,还可以向家长寻求特殊教育助教的支持。

资源教师可以请家长和其他学科教师协助落实训练方案。在不能满足教师和学生的需求时,可以寻求巡回指导教师、康复教师的支持。

巡回指导教师可以请学校资源教师辅助完成训练方案,也可以请康复教师协助评估和拟订训练计划。

康复教师可以请学校资源教师、巡回指导教师、家长协助落实康复训练方案。

【提要】

特殊教育支持服务并非越多越好,应根据特殊需要学生在融合教育环境中的需求程度,按指定流程申请和适配。

资源获取通常按照就近原则,按照普通教育环境中的调适——学校资源教室介入——学区融合教育资源中心支持——特殊教育学校、专项服务机构支持——多机构联合的次序提供支持,以便特殊需要学生就近就便获得支持服务资源。

第三节　如何提供特殊教育支持服务

【案例：找回小杰的学习动力】

小杰已经三年级了，在班里是个不起眼的女生。她瘦瘦小小的，很安静，经常用一根黑色的皮筋绑着小辫子，看上去乱蓬蓬的；衣服虽然干净却总是皱巴巴又过时的样子。一二年级时，小杰是一个容易被忽视的乖乖女，成绩一直处于中间位置。三年级开学后的一个月，各科教师纷纷反应小杰在课上心不在焉，从不举手回答问题，被点名时也沉默不语。班主任老师和她谈话，小杰表示不想说话。这样的情况持续到期末，小杰的学习成绩下滑到班级最后几名。班主任老师向资源教室申请了支持服务。

资源教师组织各学科教师进行座谈，了解小杰的学科表现、行为举止等情况，并向班主任和家长了解家庭养育和教育情况。资源教师发现小杰自信心不足，非常需要关注和认可，她认为自己怎么努力都不会成功，学习比以前难，不想学了。父母养育和教育分工错位，粗枝大叶的爸爸负责照料生活，而严苛又急躁的妈妈主管学习，父母对她的批评远远多于赞美。班主任和任课教师更多关注小杰的学习，对她的心理感受关注较少。

资源教室为小杰提供了父母分工指导，请小杰为学科小组批改作业并为同学讲解，安排社工与其一同开展搭建沙盘世界的活动。各学科教师也适当地给予她鼓励和认可。一个学期后，小杰的成绩稳步提升至班级中上游。

前文详细介绍了普通学校为特殊需要学生提供的教育教学支持（第四章和第六章），也重点介绍了评估和干预（第五章），本章第一、二节介绍了特殊教育专业支持服务的内容和获取，呈现了不同人员为学生提供的符合其现状和需求的特殊教育支持服务，学生个体对服务的需求不尽相同，如何为某位学生提供适合其发展的、有计划的特殊教育支持服务，需要为学生拟定和实施个别化教育计划。这一节将介绍什么是个别化教育计划、个别化教育计划的要素，以及相关案例。

一、个别化教育计划

个别化教育计划（Individualized Education Program，简称 IEP）是特殊教育和融合教育中不可或缺的一部分。

（一）"个别化教育计划"是否独立于教师日常工作之外

1. 每位教师都做过与个别化教育计划相关的事

经验丰富的教师会在学期初进行学期教材分析，梳理教学目标和内容，分析学情，结合学情调整教学目标；还会制订教学进度，明确各月、各周的教学任务；有的教师还会拟订质量监控的方式，甚至是内容。

为了实现学期教学目标，教师早已树立质量意识，习惯性地在课堂主要环节后、课后、单元后、学期后对学生的达标情况进行评估和反思，不自觉地实施拾遗补漏计划。除了面向集体的质量监控，教师还会聚焦个别学生，实施更有针对性的提升计划，计划中不仅包含校内完成的任务、家庭任务，甚至还有小伙伴间共同完成的任务，这与个别化教育计划非常相近。

上述案例中资源教室为小杰提供的支持服务已经粗略地呈现出一份阶段性的个别化教育计划。每位教师脑海里都有针对学生提供个别化教育计划的思路，也或多或少地做过一些工作，只是这些内容没有按照模板填写，或将其称为不同的名称。

2. 将个别化教育计划嵌入班级管理与教学计划

拟订与实施特殊需要学生的个别化教育计划并非独立于日常教育教学工作之外，个别化教育计划是学校和教师与特殊需要学生及其家长签署的教育服务约定，包含学生当前的发展和教育水平，年度（学年、学期）长期目标，单元、主题或各月的短期目标，提供的具体教育支持服务，服务的起始日期和期限，目标达成的评估程序和标准。这些内容与一般教师所做的教材分析、学情分析、教学目标调整、教学进度、质量监控方案一一对应。

个别化教育计划并非局限于学业，还有一些目标与班级管理和学生成长相对应，如习惯养成、行为问题的减少等。至于那些需要抽离式干预才能完成的目标则要留给承担任务的专业人员完成。

个别化教育计划中的目标有可能在集体中落实也有可能需要单

独落实。在集体中落实的目标，需要教师在设计每个教育教学活动时将集体目标与个体目标相结合。

（二）个别化教育计划对学生的作用

个别化教育计划是学生获得适合其发展的教育服务的保证。《北京市残疾儿童少年随班就读工作管理办法》规定："接收随班就读学生的学校应为随班就读学生提供专业化教育训练的个别化教育计划，并根据随班就读学生的教育需求制订明确的发展目标和具体的学习任务指标，发展目标和学习任务指标应具有较强的操作性并便于评估监控。"个别化教育计划是教师设计教学活动、安排教学环境、实施教学活动的重要依据，对教育教学工作和家庭教育具有指导作用。在个别化教育计划拟订中，教师、家长对学生发展现状、面临的挑战形成客观充分的认识，有利于双方达成共识，形成明确具体统一的目标；在个别化教育计划执行和评估中，教师和家长承担不同的任务，以积极的态度和适合的方式参与学生的成长，有利于调动双方的积极性。由此可见，个别化教育计划的制订和落实是特殊需要学生教育质量保障的基石。

二、个别化教育计划的要素

个别化教育计划包含特殊需要学生当前的发展和教育水平，长期目标和短期目标，达成目标所需的支持服务，目标达成计划，目标达成的评估程序和标准五个方面。

《北京市特殊教育专业服务实体管理指导手册（试行稿）》中规

定：个别化教育计划包括学生现状、长短期目标、目标达成计划、目标达成报告、转衔计划五个要素。

（一）学生现状

特殊需要学生现状的描述通常包括基础信息、能力发展评估结果、课堂参与和效果评估结果、情绪和行为问题评估结果、特殊教育支持的意向五个方面。

1. 学生基础信息

学生基础信息是学校和教师全面了解特殊需要学生及其生活环境的重要渠道，也是教育教学、康复训练和干预的参考内容。基础信息涉及学生成长发育、以往接受的专业测验和评量情况、教育经历、家庭情况、其他特殊情况。需要特别注意的是信息收集后的综合分析，不仅针对所收集的信息，还要结合收集过程中的发现进行综合分析。如沟通中对家长的观察，家长描述的感受、想法等，教师对学生及其所处家庭的印象等。案例中资源教师捕捉到小杰父母在养育中角色分工的错位问题，正是导致小杰学习动力不足的重要原因。

2. 能力发展评估和分析

能力发展评估和分析是对特殊需要学生进行的全面评估，通常涉及感官功能、生活自理、情绪状态、社会交往、认知能力、沟通能力、学习表现等。评估可以采用标准化测验或非标准化测验，也可以采用家长和教师观察、访谈的方式进行，比如案例中资源教师向小杰、小杰的父母和班主任教师进行的访谈，深入班级进行的观察,以学业成绩作为支持服务效果的评估标准。

3. **课堂参与和学习现状**

课堂参与和学习现状是针对特殊需要学生各学科的课堂学习和效果的观察评估的结果,涉及学生的课堂参与情况、参与效果和情绪与行为问题,需要各学科教师持续观察和记录,以得到较为稳定可信的结果。案例中各学科教师均对小杰的课堂参与情况进行了持续的观察,发现小杰在各学科的表现比较一致,没有出现明显的差异。

4. **情绪和行为问题分析**

情绪和行为问题分析是针对特殊需要学生的问题行为进行的专项评估,包括问题行为的描述、评估、分析和处理建议(详见第五章)。情绪和行为问题分析需要家长和教师分工合作,家长和教师需关注特殊需要学生在学校、家庭和其他场所中出现频率高的情绪和行为问题。在确认学生需要进行干预的问题后,资源教室组织相关人员进行评量,分析原因,制订干预措施。

5. **拟定特殊教育支持的意向**

在评估的基础上拟订特殊教育支持的意向。能力发展评估结果的分析可提供主要优势、主要障碍、障碍带来的影响三方面信息,是确定能力发展优先顺序的基础。在确定顺序时应关注主要原因和次要原因,如感官功能发展不足带来注意力问题时,应优先发展感官功能。课堂参与和学习现状评估结果的分析可提供课程调整的程度。课程调整有三个不同的程度:大部分时候能参与,并达到教学目标，仅需课程目标或教学方式方法的微调；大部分时间能参与，有时能达到教学目标，需提供课程目标和教学方式方法的调整；差距大，参与困难，基本不能达到教学目标，需提供另外编制的课程。情绪和行为问题评估结果的分析，可提供优先干预的目标行为，即当前最需要干预的问题行为。

（二）怎样制定长短期目标

长短期目标建立在对特殊需要学生现状的综合分析，即支持服务意向上，包括个别化教育计划会议、支持服务清单、长短期目标与评估设计三部分。

1. 个别化教育计划会议

个别化教育计划会议（IEP 会议）包括准备会议和正式会议。准备会议是参与学生现状评估和分析，拟订特殊教育支持意向的人员，如资源教师、班主任、任课教师等召开的研讨会，主要目的是由不同人员从不同视角对现状评估结果和初步拟订的特殊教育支持意向进行分析和判断，提高评估的准确性和支持意向的合理性。正式会议是教师、家长和行政人员在对学生各方面的评估基础上召开的研讨会，主要目的是就学生现状达成共识，初步确定长期目标和特殊教育支持服务的具体内容，明确分工。

会议结束后，分工中涉及的人员依据长期目标和所承担的特殊教育支持服务内容，结合自身专业特点拟订具体的实施方案，包括筛选或设计评估工具，开展评估分析，拟订支持服务的具体方案，通过书面或面对面等形式告知每位参与人员。

案例中资源教师在准备阶段召集小杰的家长和任课教师进行了座谈，确定了调整学习动机的目标，提出通过调整学习动机，增强课堂参与意愿，提升学业成绩的长期目标。资源教师根据提升学业成绩的目标，在观察分析的基础上拟订了家庭养育调整方案、沙盘辅助和教师教育教学调整措施，在正式会议上与学生、家长和教师达成共识。沙盘辅导教师拟订了干预的长期目标和短期目标，以及辅导计划，并与其他教师商讨和确定了执行时间。各学科教师根据小杰的学习状况提供适时的指导和调整。

2. 支持服务清单

支持服务清单是将个别化教育计划会议中已经确定的支持服务进行汇总，明确需求、满足需求的措施、实施频率、负责人、实施方式，基本呈现出学生个别化教育计划的拟订思路、问题解决途径，以及在该阶段可得到的完整支持。案例中的资源教师为小杰列出的支持服务清单包括沙盘辅导计划、家庭养育调整计划、学科教师评价和学习辅导计划，分别由沙盘辅导教师、家长、学科教师和班主任负责。

3. 长短期目标与评估设计

个别化教育计划会议确定了支持服务的目标、内容和人员分工。签订协议后，各负责人将按照长期目标细化短期目标并设计目标达成的评估方式。短期目标是长期目标的分阶段目标，短期目标服务于长期目标的达成。

案例中小杰的长期目标是通过调整学习动机，增强课堂参与意愿，提高学业成绩。短期目标包括：第一阶段通过家庭养育方式的调整、任课教师适当地评价和沙盘辅导，小杰能够对自己的外在形象感到满意，与同学一起参与小组活动；第二阶段能够对自己的个人形象和参与教育教学活动的表现进行正面评价，并对不满意的部分提出改进措施；第三阶段能够参与教育教学活动，帮助和协助同学完成任务，肯定自己，建立自信，提高学业成绩。三个短期目标环环相扣层层递进。长短期目标来自学生，服务于学生，对支持服务方案的实施具有指导作用。

（三）怎样编制目标达成计划

长短期目标通过支持服务的实施得以实现，每个支持服务均应以长短期目标为指导。小杰的案例中，无论是家庭教养方式的调整，还是沙盘辅助计划，都以小杰的长短期目标为基础，采用不同的方式方法，通过分工合作共同保障长短期目标的达成。小杰的支持服务从完成主体看分为学生内在成长和外部辅助成长两部分：建立自信，积极参与教育教学活动，提高学业成绩，是小杰作为学生应做的事，能够促进小杰的内在成长；调整教养方式、提供沙盘辅助、提供必要的学习指导是依据小杰的需要，提供相应的外部资源和支持，以辅助小杰达成目标，促进其成长。

无论是促进内在成长的支持服务，还是辅助成长的外在服务，都需要拟定达成目标的具体措施、内容、实施频率和设计评估效果的方式方法和标准。如为小杰提供的沙盘辅导，其任务分工为缓解情绪问题，通过表达想法和感受对自己形成客观的评价，提升自信。由心理教师负责，每周2次，每次均有具体安排。

(四)怎样判定目标达成情况

在个别化教育计划执行后,要依据长短期目标与评估内容和方式对特殊需要学生成长进行评价,向学校和家长反馈,并作为下阶段个别化教育计划拟订依据。负责教师、家长、学校管理者按照长短期目标达成情况进行评量,并对完成的程度、未完成原因进行分析,提出下一步的措施。

(五)转衔计划有哪些作用

转衔计划着眼于特殊需要学生的可持续发展和为其提供可持续的支持服务,在学生离开学校,如升学、转入社区时,提供给接收方。其内容包括升学辅导、生活辅导、就业辅导、心理辅导、福利服务、其他相关专业服务等方面。转衔计划强调了转换中的衔接,一是完整记录学生各阶段的教育安置和受教育信息,为升学、入职等提供依据。二是详细记录学生所接受的教育内容和结果,在学生进入新环境时能够快速对接,为学生获取支持提供便利。

【提要】

个别化教育计划包括现状和发展需求、阶段发展目标(长短期目标)、目标达成的途径和措施、目标达成的标准与评估方式、达成报告,以及转衔计划,通常每学年或每学期拟定一次。

个别化教育计划中包括教育服务和其他服务，其他服务包括教育范畴外的相关服务，如辅具、家庭养育方式咨询、医学康复等。

个别化教育计划需要学校、教师、家长和学生（在可参与的情况下）对现状、目标和达成途径达成共识，确保在实施中方向一致。